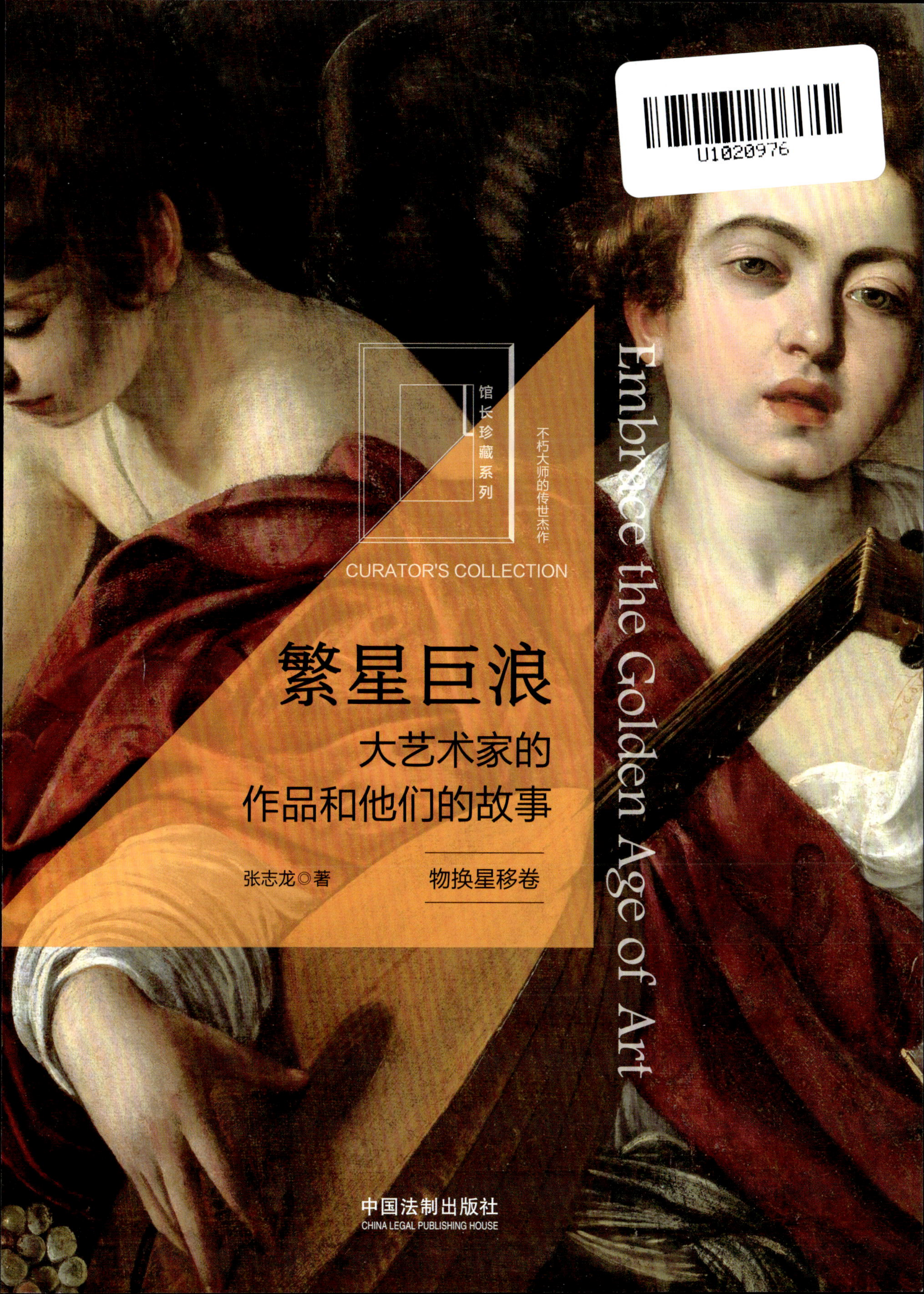

馆长珍藏系列

不朽大师的传世杰作

CURATOR'S COLLECTION

繁星巨浪

大艺术家的作品和他们的故事

Embrace the Golden Age of Art

张志龙◎著

物换星移卷

中国法制出版社
CHINA LEGAL PUBLISHING HOUSE

<自　序>

艺术，让人心灵更富裕、更自由

早就想写这样的一本书。

长期在企业工作，我深刻理解叔本华归结人生“沦为一团欲望”的景况；当个人受欲望驱使投入工作，势必得忍受商业机制与专业分工无情理性的支配，而借由努力拼搏以期盼获得成就感、名声和物质的过程，是漫长而痛苦的。吊诡的是，从阶段性欲望获得满足的那一刻起，才得到的快乐却迅速消退，落入寂寥无趣的状态。于是，人生就在痛苦与无聊之间反复摆荡。

我向来对于艺术有着浓厚的兴趣，艺术之于我，便成为摆脱贫乏循环的救赎。借由磨炼感知能力，让自己读得懂、看得见、听得到，在日常生活里培养细致品味的感受能力，体验世界文明浩瀚的遗产与宝藏，让心灵更富裕、更自由。

因此，我想写一本关于艺术的书，有别于纯艺术语汇或学院评论，破除艺术为冷知识的刻板印象，希望能邀请读者一同置身于作品背后的历史场景，以亲临现场的视野与角度，进入艺术的国度。

提笔前的准备工作早已开始，后来却因一场丝路长征而搁置，但也因为这段经历，为这本书所需具备的历史情境与人性关怀，提供了重要启示。

2011 年，我和友人发起丝路长跑的极限长征，从台湾出发，以伊斯坦布尔为长跑起点，一路穿越土耳其、伊朗、土库曼斯坦、乌兹别克斯坦、哈萨克斯坦，入境我国霍尔果斯边关，再沿着新疆、甘肃前进，历经一百五十天，行进一万公里，最后抵达目的地西安。在这趟经费捉襟见肘，签证申请困难重重，总担心无以为继的漫漫征途上，团员的气力消磨殆尽，而每当我们陷入自问所为何来的灰暗境地时，不时有意外的光穿透射入，有的带来温暖，有的指引方向。

这些光，散发自旅途上相遇的异乡人身上，折射出极少出现在历史主轴中的丝路文明。在一次次与异乡人跨越藩篱的对话中，我逐渐拼凑出波澜壮阔的部落民族图像，领略世代相传的文明意涵。我们与异乡人之间，也不时在人性共通的惆怅空隙里，看见相互慰藉的可能；从彼此的关照中，看见生命的多重意义，它印刻在灵魂深处，不断抚慰旅人的心，让我们勇敢地往前迈进。这段刻骨铭心的长征体验，以及赋予此行深义的丝路文明探索，皆收录于《拥抱丝路》一书。

《拥抱丝路》出版后，在超过百场的演讲和访谈中，我仿佛一再回到路上，重复永不停歇的丝路征途，纵使我乐于分享充满人性试炼与文明情怀的壮旅，也与观者相互激励勇敢做梦并付诸行动，但脑海里不断有个声音，催促我该尽早投入之前许诺的这本书。

在搜集素材、着手章节纲要的过程中，我没有忘记丝路旅程给我的启发；亲自勘查事件现场，吐纳人文风土的涵养，瞭望历史文明的景深，再回归探索艺术发展与人性反省的脉络，是撰写《繁星巨浪》必须涵盖的元素。

《繁星巨浪》探索的“现代艺术”，是指十九世纪中期，在巴黎兴起一股反抗官方学院艺术的独立创作运动。这股前仆后继、进行约一个世纪的现代艺术运动，充满与时俱进的动能，不断展现新的表现形态与美学价值，翻转传统艺术的框架与面貌。它不仅改变绘画与雕刻的创作流向，甚至也影响建筑、文学、戏剧等领域的发展。因此，我们可以说，了解现代艺术是通往各种艺术欣赏不可或缺的基础，这是我选择现代艺术作为打开艺术之窗的缘由。

本书所探讨的现代艺术运动固然发生在十九世纪中期的巴黎，但作为吹响号角的先锋——马奈，其突破传统的策略与技法，实可追溯至十六、十七世纪开创巴洛克运动的卡拉瓦乔。

卡拉瓦乔是个难得一见的奇才，也是离经叛道的异类，在他出道的十五年岁月里，几乎都处于逞凶斗狠、进出牢狱的窘境，他让后代艺术家获得启蒙的伟大作品，也多在流亡途中创作。

当卡拉瓦乔在颠沛流离中结束短暂的生命后，一心想承袭古希腊罗马、文艺复兴艺术而来到罗马作画的法国画家普桑，看到卡拉瓦乔的作品，却批评他的作品猥亵，直斥他为破坏艺术之徒。普桑崇尚历史、哲学与宗教教义，以复兴古典艺术为己任，并深化其所代表的精神与价值，这奠定他成为新古典主义的创始人物的基石，让其主宰西方艺术标准长达两百多年。

新古典主义之所以蔚为主流，法国大革命时期的雅克-路易·大卫功不可没。他不但继承普桑的美学价值，更将新古典主义注入法国艺术教育系统，形成牢固的思想体系与制度，其影响范围超越绘画雕刻领域，甚至扩及建筑风格乃至城市设计。今天世人所喜爱的巴黎面貌，便是新古典美学的终极展现。

法国学院艺术以新古典主义为本，建构强大的学术殿堂后，却未能顺应时代的改变而与时俱进。此时，一些独立创作者，体内流着叛逆的血液，顶着无法妥协的傲骨，屡败屡战，在冷嘲热讽与异样眼光中坚守非主流路线的创作，于是马奈、德加、塞尚、莫奈陆续登场；此外，历经苦难不得志、浪迹荒境也无法善终、让人喟叹不已的凡·高和高更，在荒野陋室中兀自绽放光芒；而目空一切、横空出世的艺术家，屡创无人能望其项背的奇迹，如马蒂斯、毕加索，均是本书探索的对象。

除此之外，在十八、十九世纪风起云涌的时代，政治、宗教、社会、文学、科学和生活形态都急遽变化的背景下，本书也还原当时独立艺术家如何与各领域的前卫人士互为支援，齐力对抗保守的美学思想与体制，因而形成沛然莫之能御的洪流。

其中包含，波德莱尔的诗与美学概念带给马奈创作的灵感；作家左拉则声嘶力竭地为马奈的作品辩护；凡·高背后若无弟弟提奥无悔的资助，恐怕我们无缘见到如此星光璀璨的夜空。而提奥的影响不仅于此，他满怀理想支持独立艺术家的创作，印象派能逆风前进，提奥功不可没。

进入二十世纪，来自美国的列奥与格特鲁德·斯泰因兄妹在现代艺术史上扮演举足轻重的角色。斯泰因兄妹来到巴黎，从收藏塞尚的作品开始，之后是雷诺瓦、高更，后来最多的是马蒂斯和毕加索。本书也提到毕加索如何因斯泰因兄妹的刺激，进而创作出立体派的惊人作品。1913 年，斯泰因兄妹的友人，结集包括印象派、后印象派、野兽派和立体派等前卫作品到美国巡回展出，却因老罗斯福总统参观后直斥现代艺术的荒谬，反倒吸引空前的参观人潮，从此启蒙了美国艺术家从事现代艺术的创作。

反过来，身为作家的格特鲁德·斯泰因则从塞尚作品得到灵感，完成小说《三个女人》。后来，这位师承心理学大师威廉·詹姆斯的意识流作家，又从毕加索等人的立体派作品得到启发，融入《美国人的形成》的写作风格。

汇集各界力量所形成的现代艺术运动，不只击垮古典艺术殿堂的巨厦，开创二十世纪以来的艺术面貌，也对文学、建筑、城市带来不可磨灭的影响。《繁星巨浪》针对现代艺术发展过程中，政治与社会错综复杂的互动演变，对于艺术家的性格及亲情、爱情、友谊的盘根错节如何牵动作品的形成均有详细的描述。

在准备《繁星巨浪》的过程中，除了相关的史料、传记及评论文献的搜集之外，我也研读相关的文学作品和政经社会文献，以重建当代的时空景象、思想潮流与社会氛围。此外，从《拥抱丝路》所获得的经验，我深知现场考察的重要性。作者必须与文明对话，与阅读所得的理论及知识搏斗，才得以建构接近史实的脉络，确立关键与转折性的代表作品。因此，我尽可能亲历艺术家的成长地、影响现代艺术事件的现场以及收藏作品的场馆。

数年间，我遍访意大利的罗马、佛罗伦萨、那不勒斯、威尼斯、米兰，荷兰的阿姆斯特丹，法国的巴黎、普罗旺斯和蔚蓝海岸城市，以及西班牙的马德里、塞维亚和巴塞罗那，如此才能让读者接近有温度的历史现场，呼吸时代的气息，坦然航行于艺术的长河，融入评析所见所闻的时代故事。这是我下笔的方法和态度。

在《繁星巨浪》中，我竭力展现艺术发展多面向的缤纷面貌，希望对艺术不甚熟稔的读者，总能从自己有兴趣的界面找到进入艺术欣赏的途径；对于艺术不陌生的读者，我期许提供一种不同于艺术史的写作方式：以个人为起点，生活圈为平台，介绍艺术进程与时代变迁的互动事件，让我们能更全面了解艺术与我们所处世界的千丝万缕的联系。

最后，我期待与读者在这趟跨越四百多年的艺术探索旅程中，一同领会作品璀璨永恒的价值，在不经意的角落瞥见人性的幽微与光辉，从永恒的艺术家身上获得挥洒生命的勇气与信心，开启属于自己的探索长征。

张志龙

<目 录>

|第一章|

跨越时空的传奇

卡拉瓦乔

Michelangelo Merisi da Caravaggio
29 September 1571—18 July 1610

揭开序幕的旅程

在探索现代艺术史的过程中，最令人仰首喟叹、恨不能躬逢其盛的时期，就是自十九世纪中期所展开的百年风华。这个辉煌时期自马奈、德加开始，延续到以莫奈为首的印象派，继而后印象派的塞尚、凡·高、高更，乃至二十世纪的马蒂斯和毕加索。我反复研究这些画坛巨擘的璀璨创作，爬梳作品背后身影相连的时空记忆与人事沧桑。在他们每一幅揭示着一个天地的作品里，我深刻领悟到，他们令人炫目的才华及其作品所诉诸的深刻意涵，足以撑起一个个艺术星系，同时我更惊讶地发现，这些伟大永恒的作品背后，有许多因缘际会的条件与动力，汇流多人的智慧、感情和生命的付出，让这艺术星系散发如浩瀚银河般的闪亮光辉。

在大师们千丝万缕的人际关系里，我探索他们的家庭、情侣、伙伴、模特儿、赞助者、经纪人、艺术圈和政商脉络，搜罗其时空背景的政治思潮、宗教发展、生活环境和社会事件，拼凑还原数以百计的故事场域。当然，探究这些跨世纪的画作，如同经典的建筑、文学、电影一样，它们终会呼应我们所处的现实世界——艺术的价值从经典的追求走向创新与突破；主题的诉求从歌颂永恒走向个人心灵；表现的形式从具象世界的呈现、寓教于艺的责任，到独立挥洒的抽象形式，追求纯粹艺术的展现，最后又逐渐回归到社会与人性的连接。

在来回穿梭历史时空的过程中，我企图寻觅孕育这般空前繁华艺术年代的起始点，那个能够产生无限能量，以致横空催生出现代绘画，拖曳出绚丽艺术星河的源头。如果我们欲武断地将之归因于一个人——那个埋藏特殊基因序列，传递现代绘画形态的人——他究竟是谁？我反复挖掘擦拭历史的尘土，答案往往暧昧不明，似近还远。

这百年风华的交汇点在法国巴黎。然而，此前千百年来的艺术圣地，一直是“永恒之都”罗马。究竟发生了什么事导致世界艺术舞台的递嬗？

2012 年 7 月，一则新闻挑起我暗流涌动的思绪。两名艺术史学家，在即将出版的新书中披露，经过两年的研究比对，发现在意大利米兰的斯福尔扎城堡（Castello Sforzesco）里，长期被认定为彼得扎诺的一千四百幅画作中，有近百幅应为他的学生卡拉瓦乔的作品。据国际艺术市场的粗估，这批画作总值至少达七亿欧元。“这些画着脸庞、身体和场景的素描形式，在后来卡拉瓦乔的作品中都看得到。”[①] 带着这个突如其来、仿佛空谷钟声般的暗示，隔日，我登机前往意大利，开启了探索艺术风华的旅程。

---

① Nick Squires（Jul 5，2012）. Italian Art Historians “Find 100 Caravaggio Paintings” - Italian Art Historians Claim They Have Found 100 Previously Unknown Works By Caravaggio，One of The Giants of The Renaissance，*The Guardian*.

不一样的米开朗琪罗

"卡拉瓦乔的作品标志着现代绘画的开始。"[①] 现代艺术史家安德烈·伯恩-若夫弗瓦（André Berne-Joffroy）如此赞誉卡拉瓦乔。

漫步于罗马街头，"卡拉瓦乔"无所不在。

从古城中心区，沿着散落的石柱、拱门、墙墟，拾级而上，来到山丘上的卡皮托利诺（Capitolino）博物馆。接着信步往北，驻足多里亚·潘菲利宫（Palazzo Doria Pamphilj）美术馆。之后，随着如潮水般的游人往西移动，行经矗立1900年，让天光不断地从穹苍射进圆顶天井的万神殿。前方不远处，在众神跃起、气吞四河喷泉[②]的纳沃纳广场（Piazza Navona）的角落，为法国人拥有的法兰西·圣路易教堂（San Luigi dei Francesi）。抑或，搭车往北，抵达人民广场的圣母堂（Santa Maria del Popolo）。在这些名胜地标的入口处，全都飘扬着印有卡拉瓦乔字样的旗帜，吸引观光客入场参观。

然而，就卡拉瓦乔在画坛崭露头角，造成一股旋风之时，他也在这

① Francesco Buranelli & Rosella Vodret（2010）. "The Caravaggio moment", Volume 20, Number Ⅲ. *Italian Journal*.

② 四河喷泉（Fountana dei Quattro Fiumi）是象征宗教势力延伸至四大洲，以当时人们认知的四大河流作为代表：多瑙河（欧洲）、尼罗河（非洲）、恒河（亚洲）和拉普拉塔河（美洲）。

些地方逞凶斗狠，留下恶名昭彰的事迹。死亡的威胁如影随形，后来他不得不流亡千里，意大利南北全境却也因此都保有卡拉瓦乔留下的珍贵画作。

因为他如鬼魅般的召唤，故事的序幕得以揭开。

卡拉瓦乔的生命只延续了三十九个寒暑。在他的年代，文艺复兴运动已因连年战争的摧残而结束，其分支的威尼斯画派也因大规模鼠疫而终结，当时，几乎没有足以匹敌的艺术家像卡拉瓦乔一样尝试新形态的艺术创作。卡拉瓦乔如彗星般的生命划过天际后，很少人肯定他所创造的艺术价值，甚至不记得他的存在。但仍有极少数的艺术家，铭记他的创新与启示，运用于他们的创作，而终于形成一股跨越年代与地域的艺术流派——巴洛克，并对现代艺术产生重要的启蒙力量。

成长背景

在文艺复兴大师米开朗琪罗[①]出生约一世纪之后，本名为卡拉瓦乔的米开朗琪罗·梅里西（Michelangelo Merisi da Caravaggio，1571—1610），在米兰出生。

拥有建筑装潢技艺的父亲，在侯爵弗朗切斯科·斯福尔扎[②]（Francesco I Sforza di Caravaggio）宅邸，担任管家职务。

卡拉瓦乔六岁的时候，意大利北部发生了一场大瘟疫，他们举家逃往东边四十公里处，来到名为“卡拉瓦乔”的镇上。然而，留守在米兰的父亲未能逃过一劫。这场发生在1576年到1577年的大瘟疫，俗称“黑死病”，据说是十四世纪时，起源于东亚和中亚地区的鼠疫，后来通过丝路传到欧洲。

这波突如其来的恐怖瘟疫，夺去了近五万人性命。其中，近三分之一的威尼斯居民罹难，当代最负盛名的威尼斯画派大师提香[③]也未能幸免，威尼斯画派因此终结。

---

① 米开朗琪罗的全名为 Michelangelo di Lodovico Buonarroti Simoni（1475—1564）。

② 宣称发现百幅卡拉瓦乔画作的所在地斯福尔扎城堡，就是这个家族在米兰的宫廷和居住地，是欧洲最大的城堡之一。

③ 提香（Tiziano Veccello，1488—1576），文艺复兴时期意大利画家。

逃过瘟疫的肆虐，在小镇庇护下成长，遂得其名的卡拉瓦乔，自幼就展现艺术天分，甚得侯爵夫人喜爱，送他拜师习艺。侯爵夫人科斯坦扎（Costanza），出身于中世纪发迹的名门科隆纳（Colonna）家族。她在卡拉瓦乔未来崎岖的人生道路上，多次伸出援手，拯救他的性命。

斯福尔扎家族热爱艺术，素有养士的传统。值得一提的是，家族中的卢多维科（Ludovico Sforza，1452—1508），曾是达·芬奇最慷慨、最忠实的赞助者。达·芬奇的传奇壁画《最后的晚餐》①，就是卢多维科委托之作。而达·芬奇也以他令人瞠目结舌的才华回报，如筹办婚礼宴会、设计浮具、研发军事武器和规划工事工程等。

卡拉瓦乔习艺的老师彼得扎诺（Simone Peterzano），曾是提香的学生。依当时传统，十三岁的卡拉瓦乔必须缴交一笔为数不少的束脩，签一纸四年的师徒契约，内容包括一套授课内容，提供学徒进阶为画家所需的训练；相对的，学徒必须协助老师执行承包的工作。像彼得扎诺这等获得认可的画家，会收到官方、贵族、教会或商贾的委托，从事特定主题的创作。画作的内容、形式和相关规范，均在合约载明，然后由画家和学徒合力完成。

卡拉瓦乔在此习得绘画的基础技巧后，从地缘关系考量，他理应就近发展，但可能他因暴烈的性格，卷入难以挣脱的纠缠，亦可能因自恃不凡的艺术天分，认为能在更大的舞台上挥洒，二十一岁时，他南下前往欧洲的艺术中心——罗马。

重生的罗马

历经文艺复兴的洗礼，意大利在文学、绘画、雕刻、建筑等领域，都有辉煌傲人的成就，成为欧洲艺术的圣地。各国前来拜访的旅客络绎不绝，他们莫不随手购买几幅画或几件雕刻作为对外炫耀的旅游纪念品；欧洲各地从事艺术工作的人，多将意大利视为终生必访的朝圣之地，

---

① 《最后的晚餐》（意：*L'Ultima Cena* / 英：*Last Supper*），位于米兰的感恩圣母堂（Santa Maria delle Grazie），是卢多维科修建的一座教堂和修道院，并作为斯福尔扎家族陵墓之地。第二次世界大战时，这栋建筑遭到英美联军的轰炸，壁画所在的修道院食堂大多崩裂毁坏，唯独《最后的晚餐》这面墙完好屹立，被引为神迹。

以满足亲炙巅峰艺术的愿望；皇宫贵族则争相派人学习艺术和建筑技能，也会延聘意大利工匠长驻其寓所，以便在不断攻城略地、横征暴敛或联姻继承后，将累积的资产财富转化为一座座拔地而起的宫殿豪邸，点缀如迷宫般的花园和壮丽喷泉。他们通过奇珍异品的收藏、上乘品位的绘画雕刻，甚至对艺术界人士提供赞助供养，擦亮家族饰徽，持续扩展其人脉关系和影响力，为家族延续不朽而努力。

然而，意大利的政经发展未能与其艺术文化的实力等量齐观。千百年来，意大利半岛分属于十几个共和国和公国统治，多边利益冲突不断，充满猜忌计算的合纵连横，随处可见挟外斗内的争端。意大利的文艺鼎盛，贸易繁荣，但军事力量分散羸弱。这块没有抵抗能力的肥沃之地，引起西欧列强，如法兰西人、西班牙人、日耳曼人的觊觎，终于爆发了灾难不断的意大利战争（1494—1559）。

连年的战祸之中，从未有效统治过欧洲的神圣罗马帝国，有一群领不到军饷、不听从指挥，夹杂着法、西、日耳曼、意裔的兵团，在罗马城烧杀掳掠，造成死伤无数。最后，甚至因为满布曝晒的弃尸，衍生了可怕的传染病，占领的失控部队士兵也大多在几个月内陆续死亡，这场灾难史称“罗马之劫”（Sack of Rome）。经过这场浩劫，满目疮痍的罗马，人口仅残余约一万人，不到原来的两成，文艺复兴的黄金时代宣告结束。

成为一片废墟的罗马，经过数十年的喘息后，城里的居民又多了起来。但教廷财政窘困，又穷于应付各国政治势力的斗争，无力整顿残破的市容。从四面八方而来的，是无良田可耕的农人、乘虚而入的游民，以致宵小猖獗，律法不张。

直到西斯都五世（Pope Sixtus V，1520—1590）获选为教宗后，在他的锐意改革下，罗马的面貌才逐渐改变。

他主政期间，力推严刑峻法，绞死上千盗匪；大兴土木，完成米开朗琪罗所设计的圣彼得大教堂正殿和圆顶，使其成为世界最大的天主教堂；打通连接主要圣殿的通衢，衔接更长的水道，兴建多处喷泉供民众洗涤饮用；将部分教廷资产变现，设立提供教徒融通的金融机构，开征新税。这样一来，城市恢复安定，民间贸易活络，教廷的收入随之增加。拥有丰厚资产的主教和家族名门，则开始整修、扩建教会修道院和豪门宅邸。市场对绘画、雕刻和建筑工艺的需求，也热络了起来，这带给艺术工匠许多发挥的空间。值此复兴之际，二十一岁的卡拉瓦乔抵达这座城市。

刚来到罗马的卡拉瓦乔，阮囊羞涩，居无定所。他曾在画家切萨理（Giuseppe Cesari，1568—1640）的画室担任助理画师，工作多半是帮画家完成水果花卉之类的静物。

切萨理的画作深受两任教宗——西斯都五世和克莱门特八世（Pope Clement VIII，1536—1605）喜爱，多次受邀承揽新建教堂的装饰绘画。

然而，卡拉瓦乔对切萨理作品的观感，可能和我相去不远。切萨理的绘画，尽管笔触精细，画面平稳典雅，但那些作品与文艺复兴时期以来，四处可见的作品一样，尽是千篇一律、令人无言耸肩的保守古典题材；他的作品色调肃穆而暗沉，人物高尚拘谨而有距离感。

初试啼声

回归现实，鲜少有人会找默默无闻的画家，在赞美上帝的教堂或荣耀成就的宫殿中，悬挂难以取信众人的作品。因此，卡拉瓦乔得找出引人瞩目的题材，先从市井兜售，为自己创造机会。

就像一个还没闯出名堂的作家，不太可能选择大时代大历史的严肃题材，铺陈长篇小说的巨构，企盼主编好整以暇，耐心爬梳，指望编辑校修不够洗练的语句段落。他得一面勤快地练习和准备，一面寻觅独特的题材：可能是自己的家族故事或家乡野史；亲身参与的某个特殊事件或活动；一个社会事件所引起的共同记忆或创伤；在一个习以为常的现象中，却能观察到隐隐不同的脉络，赋予新的诠释。这样一来，作家也许能在泛滥成河的出版品中，找到一个靠岸停泊的空间，尝试书写，得到出版的机会。

此时，卡拉瓦乔身处的罗马，是一座欣欣向荣的大工地，也是一座人生赌城，遍地充满了机会，但丛林般的生存法则和暴戾之气依然存在。罗马的转变，的确为有抱负、有探险性格甚至一无所有的亡命之徒，提供了奋力一搏、实现梦想的机会。其中，包括了吉卜赛人。

吉卜赛人，据传源自印度大陆西北部，一支战败于穆斯林皇帝的部

逃往埃及

意: *Fuga in Egitto* / 英: *Flight into Egypt*

切萨理（Giuseppe Cesari）油画

1595，47 cm×34 cm①

罗马/博尔盖塞美术馆（Galleria Borghese，Roma）

① 本套书中引用作品的创作年代、作品尺寸由于时间久远，资料版本庞杂，可能与实际有所出入，仅供读者参考，如偶有误差，敬请谅解。

女占卜师

意：*Buona Ventura* / 英：*The Fortune Teller*

卡拉瓦乔（Michelangelo Merisi da Caravaggio）油画

1594，115 cm×150 cm

罗马 / 卡皮托利诺博物馆（Musei Capitolini，Roma）

落民族。十世纪前后，他们离开印度，往西迁移。两百年后，抵达土耳其的安纳托利亚高原。十五世纪时，他们再经由巴尔干半岛来到意大利。

部分欧洲人误以为他们来自埃及（Egypt），故有了吉卜赛人（Gypsy）的揶揄称呼。法国人则因为他们由东边捷克的波希米亚地区前来，而称他们为波希米亚人（Bohemian）。“吉卜赛人”一词，寓有“欺骗、懒散、乞讨”等负面刻板印象，而且这种张冠李戴的误植名称的确不够庄重，故一般正名为“罗姆人”（Rom或Romani People）。然而，随着部分吉卜赛人移民到北美以后，美国人对于这带有异国风情的生活方式，产生自由浪漫的想法，视为对社会体制叛逆独立的象征，衍生对流浪壮游的想望。是以，“吉卜赛人”这个名称，又有了新的演绎。

这幅意大利原文为“好运”（Buona Ventura）的油画，以《女占卜师》的标题闻名于世。画中女郎身穿棉麻质感的白色长袖衬衣，肩系宽松斗篷，头顶上围着头巾，一副典型的吉卜赛装扮。男子则露出丝质衣领和束紧的袖口，套上织有立体格纹的锦缎大衣，肩系披风，腰挂精美长剑，显露其为良好出身的年轻军官。

卡拉瓦乔舍去文艺复兴时期以来，着眼永恒姿态，讲究优雅布局，论述崇高而教化人心的主题；他从市井生活取材，将端不上台面的人生场景，幽默而写实地搬到画布上。可能是为了凸显画里的弦外之音，卡拉瓦乔并没有像达·芬奇画《蒙娜丽莎》般在人物背后挂上远景山水，也没有采取一般民俗画的做法，将故事现场如实地植入画中；他只是刷上烘托的光影，凸显人物互动的鲜活姿态，效果竟似在有聚光灯的舞台上或摄影棚里，让观众聚焦男士邀请女孩跳舞的刹那[①]。这种安排，以单纯背景为衬，通过活泼的技法与人物间的互动，使《女占卜师》的画面有如舞台剧海报般栩栩如生。

《女占卜师》之后，卡拉瓦乔创作了《纸牌老千》，进一步刻画赌博的心理攻防和诈赌算计。结果，这类作品大受欢迎。

隔年他重画《女占卜师》的主题，画的架构与人物姿态雷同，但后者更着重描绘男子俊秀的脸庞。

---

① 吉卜赛人的音乐和舞蹈相当有民族特色，西班牙的弗拉明戈（Flamenco）就是大量融入他们的音乐舞蹈元素发展而来的。这或许也是卡拉瓦乔在构思动态画面时的灵感来源。

纸牌老千

意：*I bari* / 英：*The Cardsharps*

卡拉瓦乔（Michelangelo Merisi da Caravaggio）油画

1594，94 cm×131 cm

美国得克萨斯州/沃斯堡/金贝尔美术馆（Kimbell Art Museum，Fort Worth，Texas）

卡拉瓦乔选择以吉卜赛人逮到好运作为主题，是日常生活唾手可得的题材，可能也是他到罗马闯荡所期盼的际遇。

卡拉瓦乔若置身于风起云涌的文艺复兴时期，他这一系列的“民俗画”，恐怕只会引来艺评家的讪笑，落得长期摆在市集贩售的命运。但此时文风低落，无人能够超越文艺复兴的层次，从事艺术工作的人多依循过往的模式，踮着脚也够不到前人的高度。而卡拉瓦乔优异细致的描绘功力以及大胆创新的尝试，一洗低阶民俗画的匠气，为久无生气的绘画市场注入一股清新的气息。这种自然单纯的写实风格，散发历久弥新的现代感，让后起的西班牙画家委拉斯开兹仿效运用于肖像画，也为十九世纪马奈所开创的现代绘画产生不可磨灭的影响。

卡拉瓦乔的运气就像他画里的吉卜赛女郎一样，终于引起一位收藏家的注意，他不仅收购了《纸牌老千》，还邀请他入府担任专职画师，使他得以登上主流画坛的跳板。

记录青春容颜

这位收藏家就是主教弗朗切斯科·玛利亚·德·蒙特（Francesco Maria Del Monte，1549—1627）。蒙特生于威尼斯，出身于一个托斯卡纳地区的望族。家族出过数个枢机主教，甚至教宗，是个声誉极高的欧洲名门。

蒙特早年在斯福尔扎主教（Alessandro Sforza）的罗马办公室担任稽核。之后，更上层楼，为斐迪南多·梅迪奇（Ferdinando I de' Medici）工作。若说蒙特家族是名门，梅迪奇则是超级豪门。

梅迪奇家族不但出过四位教宗，还曾统治托斯卡纳公国长达数百年。但梅迪奇家族最为世人乐道的贡献，是扮演文艺复兴运动催生的主要力量。梅迪奇家族曾长期赞助多那太罗、达·芬奇、米开朗琪罗、拉斐尔和伽利略等大师，对艺术与科学发展的贡献极大；他们的慷慨不只于养士与赞助创作，也兴建许多永恒的建筑，如佛罗伦萨举世知名的圣母百花大教堂、乌菲齐美术馆以及存放米开朗琪罗《大卫》雕像的佛罗伦萨美术学院等。

斐迪南多·梅迪奇是家中次子，属于没有继承统治权力的后代。如果他资质平庸，没有野心，只知享受荣华富贵，倒也罢了；但若他才华

女占卜师

意：*Buona Ventura* / 英：*The Fortune Teller*

卡拉瓦乔（Michelangelo Merisi da Caravaggio）油画

1594—1599，93 cm×131 cm

巴黎 / 卢浮宫（Musée du Louvre，Paris）

洋溢，堪当大任却无处发挥，那么这不但是家族的损失，或许还会产生权力的倾轧。于是，家族和教廷达成互惠的协议，让斐迪南多在十四岁时，获得枢机[①]的身份，让他得以在教会的神权系统内开展事业并扩大影响力。蒙特家族也依循类似的模式，在教会取得相当的势力。

然而，斐迪南多三十八岁时，哥哥嫂嫂因传染病双双骤逝，他继位成为统治托斯卡纳的大公。为了坐稳大位，摆脱西班牙对托斯卡纳公国的威胁，并考量子嗣接班的问题，斐迪南多决定还俗，卸下枢机主教的身份和职务，并和同为望族的远房表亲克里斯蒂娜·洛兰（Christina de Lorraine）成婚。

而蒙特的角色，就是确保梅迪奇家族与教廷双方的友好互信。蒙特在托斯卡纳公国轮调多项职务后，在斐迪南多·梅迪奇大公的指派下，担任驻罗马教皇国的大使。由于表现出色，罗马教廷更指派他担任数个辖区圣殿的枢机主教。经过多年的历练，累积了充沛的人脉资本，蒙特的地位已形同是教会系统的亲王（Prince of the Church）。实质上，他的待遇如同皇室贵族，享有丰厚的俸禄，住在豪华的寓所。

蒙特长期周旋于显赫豪门，除了意大利语外，他还通晓法语、西语、拉丁文和古希腊文，这让他在外交工作上更加得心应手，他不仅识多见广，对于科学和艺术的研究也极有兴趣。美学涵养极高的现代科学之父伽利略（Galileo Galilei，1564—1642），曾受过蒙特的协助取得教职，并回赠蒙特自制的天文镜和刚完成的天文学论文，以表达感谢之意，由此显见两人的交情之深。

1595 年，卡拉瓦乔受蒙特邀请，住进蒙特的寓所，位于纳沃纳广场附近的玛德玛宫[②]。他为蒙特所作的第一幅画是《乐师》。

当时，玛德玛宫住了一群年轻的乐团成员。蒙特经常在此举办主题沙龙，招待来自各地的访客，他们除了欣赏收藏颇丰的绘画、雕刻和艺术精品外，也享用美酒珍馐。此时，乐师的助兴是少不了的。蒙特之所以能用公帑养一群乐师，是因为新教以音乐的形式吸引信众，天主教必

① 天主教枢机（意：Cardinale / 英：Cardinal）是襄助教宗管理教务的高级神职人员。

② 玛德玛宫（Palazzo Madama）原文意为“夫人宫”，取名自神圣罗马帝国皇帝查理五世的私生女玛格丽特（Madama Margherita of Austria），现为意大利参议院所在地。

须做出回应，因此蒙特的任务是革新乐曲形式，为教廷推出新一代的宗教音乐。

既然是入宫的第一幅画，我揣测应该是蒙特枢机授意的主题。虽说卡拉瓦乔偏好取材现实，但就画中的人物姿态、古罗马风格的服装和意大利原文的主题“音乐会”来判断，我认为《乐师》的主题，是呼应提香的《田园合奏》[①]。蒙特出生于威尼斯，卡拉瓦乔也曾来往于米兰和威尼斯之间，相信两人都看过这幅作品。

“田园牧歌”是文艺复兴时期相当受欢迎的绘画主题。《田园合奏》描绘的是几个年轻人在幽静恬适的山坡上，席地吟歌奏曲的情景。人物背后装点牧羊人家与农舍，让画面显得真实存在。在男人演奏对唱之际，左侧的女人站了起来，走向旁边的泉井取水；右侧的女人，则处于笛子演奏的间歇。然而，提香怎么可能让衣不蔽体的裸女——即便是象征温暖阳光和大地富庶之美的女体，堂而皇之地出现在十六世纪的画布上？他得做个掩饰或交代。于是，提香在远景处抹上一层蓝色云海，衬托空间的空灵缥缈；而缠绕女人下半身的是古罗马式的白袍，象征她们虚幻的身份——来自天界的女神。

在《乐师》这幅作品中，卡拉瓦乔将《田园合奏》里两侧的梦幻裸女，转换为两位半裸的男孩。左边长着翅膀的是爱神丘比特，他专心剥着葡萄，为即将到来的盛会准备丰盛的酒水；右边背对观者的男孩则专注地阅读着乐谱。

提香笔下身着红袍红帽奏着鲁特琴的男士，被转换为披着大红巾，顶着亮棕色头发，皎白面庞透着粉红颜色的男孩。他扭着琴头旋钮调音，似在演奏一段弦歌欲泣的音符后，茫然的脸上闪烁激动的泪痕。他的身后，侧身回头与观者四目相接的，是卡拉瓦乔。

画中的主角是小他六岁的西西里画家马里奥·明尼蒂（Mario Minniti，1577—1640）。他们原先就认识，入宫以后，两人也住在一起。根据多方面的考证，明尼蒂以不同的面貌，多次出现在卡拉瓦乔的作品中，包括《女占卜师》《乐师》《捧果篮的男孩》《鲁特琴手》等。

---

① 早期艺术史家认为《田园合奏》是提香的老师（或同学）乔尔乔内（Giogione，1477/1478—1510）所作。也有一种说法，谓此画是两人协力完成的作品。

乐师

意：*Concerto* / 英：*The Musicians*

卡拉瓦乔（Michelangelo Merisi da Caravaggio）油画

1595，92 cm×118.5 cm

纽约/大都会博物馆（Metropolitan Museum of Art，New York）

田园合奏

意：*Concerto Campetre* / 英：*The Pastoral Concert*

提香（Tiziano Vecellio）油画

1509，105 cm×137 cm

巴黎/卢浮宫（ Musée du Louvre，Paris）

明尼蒂在这些作品中所展现的形象，都是含情脉脉、嘴唇微启的痴情模样，透露他与卡拉瓦乔暧昧的情愫。在埃米塔吉博物馆所收藏的《鲁特琴手》画中，从桌上摊开的乐谱上，我们知道这首曲子的名称是“你知道我爱你”①。

卡拉瓦乔对于同性之爱，似乎感到不可掌握，无法期待永恒的存在，因此画中出现的水果花卉静物不那么完美，譬如：枯黄虫咬的叶、呈现腐斑的水果表皮、凋零的花瓣、斑驳发黄的乐谱、有裂痕的鲁特琴等，似乎都在感叹美好青春的易逝，爱情的难以永系。

卡拉瓦乔借由绘画，明目张胆地揭露自己不为世俗所允许的同性恋倾向，这应是他和蒙特心照不宣的默契，甚至是来自后者的怂恿鼓励。蒙特枢机曾积极竞逐教宗的选举，但未能如愿，据说就是和他对于年轻男孩的特殊偏好有关。

卡拉瓦乔的另一幅画《被蜥蜴咬的男孩》，更凸显他游走刀锋边缘的叛逆个性。

有评论者以为《被蜥蜴咬的男孩》取材自希腊神话：画中的蜥蜴会变身为巨蟒，最后战胜天神。我认为，这实是一幅暗示色欲的沙龙之作。千百年来，许多画家以神话故事为名，描绘各种裸体人像来取悦观者，满足大家对于色欲的想象。但他们多会小心翼翼地规避卫道人士的指责，不犯众怒；此外如果画面的处理过于情色，难免流于低俗，引起反感。

从表面解读这幅画，似乎是一个充满女性气质的男孩，才从瓶中取出一朵花别在耳际，但猛然出现的蜥蜴，吓得他“花容失色”。蜥蜴显然是这幅画的引爆点。蜥蜴在西方文化中，长久被视为男性生殖器官的象征②，画中裸肩男孩的惊吓表情，可能是暗示他遭到性的挑衅而惊慌失措的瞬间反应。卡拉瓦乔处理这幅画时完全没有美化色欲的想法，他以

---

① The State Hermitage Museum，Retrieved Nov. 6，2015，from *https://www.hermitagemuseum.org/wps/portal/hermitage/digital-collection/01.+Paintings/31511/?lng=*

② “挤蜥蜴”（squeeze the lizard）意指男性小解，但有时延伸为自慰。英国重金属摇滚乐团 Motorhead 有一首曲子 *Killed By Death*，其中一段歌词是：“If you squeeze my lizard，I will put a snake on you.”（如果你要挤我的蜥蜴，我会放蛇出来。）由此读者应不难解读其中的意涵。

捧果篮的男孩

意：*Fanciullo con canestro di frutta* / 英：*Boy with a Basket of Fruit*

卡拉瓦乔（Michelangelo Merisi da Caravaggio）油画

1593，70 cm×67 cm

罗马 / 博尔盖塞美术馆（Galleria Borghese，Roma）

鲁特琴手

意：*Suonatore di liuto* / 英：*The Lute Player*

卡拉瓦乔（Michelangelo Merisi da Caravaggio）油画

1600，94 cm×119 cm

圣彼得堡/埃米塔吉博物馆（Hermitage Museum，Saint Petersburg）

被蜥蜴咬的男孩

意：*Ragazzo morso da un ramarro* / 英：*Boy Bitten by a Lizard*

卡拉瓦乔（Michelangelo Merisi da Caravaggio）油画

1594—1596，65 cm×52 cm

佛罗伦萨/罗伯托·隆吉基金会（Fondazione Roberto Longhi，Firenze）

极写实的观察，画出人物指甲缝隙的脏垢，显示这男孩是没有神性的真实世界的凡人；也就是说，卡拉瓦乔连引用神话故事来遮掩情色暗示的做法都省了。他挑明情欲主题，以近乎悬疑惊悚的电影海报特写风格，大剌剌呈现在观者面前。

纵观这几幅画，他想创造的不是一个静谧洗练的画面，让你消解尘世疲惫，获得心灵救赎的永恒美感。埋着骚动心灵的卡拉瓦乔，要展现的是切开浮世的另一象限，逼你直视潜意识启动的原始欲望，让你看见在梦里才能放肆出现的荒诞情节。但这些从内心升起的欲望与想象，真的如此不堪吗？

好比你要到大楼里的欧式餐厅赴约，在地下室停好车，从阴暗的地下室搭上说不出怪的电梯，当电梯门缓缓打开，以为会看到满墙灯光，铺着的深色长毛地毯，在操着标准礼仪用语的服务人员带领下，步下台阶，走过屏风，看见整齐浆熨的白布餐桌上，放着高脚宽口酒杯、水晶水杯、套着铜环的餐巾和白色蜡烛。接着是等待宾客来临，好好拉拢感情，为未来的生意打好基础，或最坏的打算就是生意谈不成，但可以享受一顿美食，奖励过度疲劳的自己。不！不是这样。电梯门开，你走出来，得揉揉眼睛以调整一时无法适应的瞳孔。映入眼帘的竟是漫画世界才有的“成人向”同人志[①]人物，若无其事漫步在测字摊、刺青工作室、同性酒吧等光怪陆离的场所。这情节场景尽管荒诞，但友善无害。他们甚至还面容姣好，生气蓬勃，好整以暇地享受青春，挥霍生命。于是你开始怀疑自己庸庸碌碌，戮力经营职场和人际关系以维系薄如蛋壳、食之无味的平顺生活，是否值得，你怀疑自己是否真的活过。这才是卡拉瓦乔要传递给我们的信息吧！

登上圣殿之堂

前面提到，在文艺复兴时期之后，罗马历经数十年的战争，触目尽是日暮残破的景象。十六世纪末，在教宗西斯都五世的励精图治下，逐

① “成人向”同人志：意指带有情色成分的漫画相关作品。

渐展现生机。纳沃纳广场旁的法兰西·圣路易教堂就见证了永恒之都振衰起敝的过程。

这座教堂自十五世纪末期起，就为梅迪奇家族拥有，之后还曾扩大改建。然而，它未能逃过 1527 年的“罗马之劫”。后来，经由梅迪奇家族出身的法国王后——凯瑟琳·梅迪奇①——的积极参与和赞助，这座由法国司铎级枢机②坐镇的教堂，终于在 1589 年重新启用。

崭新的圣殿需要大型画作来献礼上帝，让旅居异乡的法国人能够骄傲地听道理、望弥撒。但经过数年的延宕，迟迟未能征得合格又有本事履约的画家。此时，通过梅迪奇家族派驻在教皇国罗马城的大使——蒙特枢机——的穿针引线和极力推荐之下，卡拉瓦乔获得了首件大型作品的委托。

他得到的一纸合约，是依前法国枢机主教孔塔雷利（Matteo Contarelli）的遗愿，在以他姓氏为名的小堂（Cappella Contarelli）内，用他的守护圣名“马太”③为主题，创作三幅大型油画，挂在小堂的墙上，主题分别是《圣马太蒙召》《圣马太与天使》和《圣马太殉教》。

初登厅堂的卡拉瓦乔，必须把握跻身主流画坛的机会。作品的主题和素材必须符合枢机主教的遗嘱，遵循详细制订的规范，他不能自创意外的元素，巧夺众人目光。也就是说，他得在严格的框架中，创造出具有个人特色的雅俗共赏之作，让艺术爱好者和走进教堂的信众，无论在艺术表现或是宗教故事的领会上，都能以各自的背景和素养，认同这些作品，达到雅俗共赏的目的。

《圣马太蒙召》引自《圣经》故事。在那个时代，税吏形同王公贵族的敛财代理人，拥有极大的裁量权，集贪赃、滥权、枉法的恶名于一身，是罪人的典型。有一天，耶稣来到税关，看到马太正在收税，对他说：“你跟从我来！”马太立刻起身，放下他的工作和一切，追随耶稣，成为十二使徒之一。

---

① 凯瑟琳·梅迪奇（意：Caterina de' Medici / 法：Catherine de Médicis，1519—1589）瓦卢瓦王朝国王亨利二世的妻子。

② 枢机依序往上分三级：执事级、司铎级和主教级。司铎级一般为罗马以外大城市的总主教。

③ “马太”（意：Matteo / 英：Matthew）为新教的翻译名称，天主教则翻译为“玛窦”。

圣马太蒙召

意：*Vocazione di san Matteo* / 英：*The Calling of Saint Matthew*

卡拉瓦乔（Michelangelo Merisi da Caravaggio）油画

1599—1600，322 cm×340 cm

罗马/法兰西・圣路易教堂（San Luigi dei Francesi，Roma）

这段故事告诉众人：马太这样的罪人都可以获得拯救，成为使徒，没有人不能获得赦免，没有洗不净的罪恶之身。

卡拉瓦乔不以传统严肃悲悯的语汇诠释，将召唤与受召唤的场景神圣化；他创造极具个人特色的剧场空间，将展现神迹的“召唤”，以活泼、聚焦、富有张力的方式呈现在观者眼前。

画面右边，头顶光环的是耶稣基督，与他一同出现的，是十二使徒中第一位加入的彼得。他们穿着古代的长袍，从暗处出现，一起来到税关。彼得的倾身，示意围桌之徒转过头来聆听耶稣的话。

画面左边，一群身着当代服饰的税吏朋党，以类似《纸牌老千》的姿态，浑然忘我地聚在桌边算钱对账。即便外人进来说了话，仍有人无动于衷地计数铜板，仿佛就算世界末日降临，也撼动不了他们的贪痴。

从画的布局来看，整幅画的视觉重心显然是左边这群人所围起的正方形区域，他们和右边两人所形成的直立矩形区域分立开来，联结这两个区块的是耶稣召唤的手势。这个姿态是卡拉瓦乔借用米开朗琪罗的名画《创世记》“创造亚当”的手势。我推测，卡拉瓦乔欲借此向同名的前辈致意，不过，他没有偷懒地嫁接抄袭。耶稣的手并非转借振臂直指的上帝耶和华之手，而是初生柔弱的亚当之手。他这么做，在于传达马太乃受耶稣的人格召唤而走，并非是神力的指使驱动，因此手的力量无须过于强势。

让召唤马太的那一刻产生戏剧性张力的，是光影的投射。这道显现神迹的光，从耶稣的头顶光环，顺着召唤之手指向马太之众。那不是自然光源，而是卡拉瓦乔打造的神奇之光。

这“光”在《女占卜师》照到了年轻军官；在《纸牌老千》照到偷窥的帅气牌手；在《捧果篮的男孩》和《鲁特琴手》则照到青春的面庞及娇艳易腐的水果鲜花；到了《圣马太蒙召》，则照到浑浑噩噩、需要拯救的税吏同党。这是照见真实人性之光，而非来自圣神自己发出的光。卡拉瓦乔是每出戏剧的导演兼灯光师，他凝结情绪饱满的现场，打上灯光，投射极致张力，这成为卡拉瓦乔创作的一大特色，让他赢得明暗对照画法（Chiaroscuro）大师的美誉，这也成为之后巴洛克画家竞相学习参考的重要技巧。

创造亚当

意：*Creazione di Adamo* / 英：*The Creation of Adam*

米开朗琪罗（Michelangelo）穹顶壁画

1508—1512，280 cm×570 cm

梵蒂冈/西斯廷教堂（Cappella Sistina，Musei Vaticani）

当我们今天进入教堂，走到昏暗的凹室（名为孔塔雷利小堂），欣赏这幅巨作时，得投入一欧元硬币，然后“锵”的一声，灯光瞬间迸射出来，你仿佛只手启动了卡拉瓦乔精心设计的灯光开关，打开画中的“召唤之光”！它不仅召唤了马太，也召唤了我们打从心底对画家最真诚的赞叹。

故事还没结束。这幅画有一个即使匆匆浏览也过目难忘的角色，他位于画的几何中心点，是画家一向钟爱且惹人疼惜的苹果脸男孩。他的角色无关宏旨，却为作品注入一股愉悦清新的气息。

那么，究竟谁是马太？是蓄着长胡、状似不确定耶稣指谁，狐疑地指向自己说“是我吗”的老人？数百年来大多数人都这么深信不疑，许多有关马太的肖像也有长须的特征。但进一步仔细打量，他的食指是指向自己，还是低头数钱币的年轻人？

从墙上的大面积暗影线来检视：上缘沿着耶稣的头顶光环、手势，穿过男孩的羽毛帽，到低头数钱者头部的上缘；下面则是从彼得的左脚不远处，经过佩剑者的右脚下缘，最后推延到数钱者的右膝下。我们会发现这两条线交会的夹角，正好完整包覆那位“帝力于我何干有哉”、无感于召唤的年轻人。难道他才是卡拉瓦乔心目中，记述耶稣生平，写成《圣经·新约》第一部《马太福音》的马太？抑或，卡拉瓦乔刻意留下耐人寻味的悬疑，让这幅作品留下可堪玩味的隽永？

除了《圣马太蒙召》，卡拉瓦乔也履约完成了法兰西·圣路易教堂的另外两幅画，但其中的《圣马太与天使》进行得不怎么顺利。这个主题是有关圣马太受到天使启发写作的故事。在这幅作品中，他所画的马太，活像一个未受良好教育的乡下农夫：稍嫌臃肿的身形、过于碍眼的秃头、跷着左脚的脚趾还对着观者，令人难以产生庄严崇敬之感。更令人不安的是，马太的手似乎僵硬而显得不识几个大字，需要天使触手逐字地教导。而天使的怜悯的姿态，过于慵懒放肆，两者互动的肢体语言，

圣马太与天使
意：*San Matteo e angelo* / 英：*Saint Matthew and the angel*
卡拉瓦乔（Michelangelo Merisi da Caravaggio）油画
1602，232 cm×183 cm
毁于第二次世界大战

暧昧难解。

作品完成后，教堂拒绝接收。

于是，卡拉瓦乔耐着性子，依教堂设下的严密素材规范，重新画过。他得将人物塑造得更聪慧，减少庶民的气息，放弃人性与神性的对抗，进而寻求构图上的突破。这个限制，反倒激发他设计出马太与天使近乎嬉戏的追逐，产生饶富几何造型的生动画面，成为我们现在所见的《圣马太的灵感》。这极具动态演出效果的活泼构图，是继简单的自然写实

圣马太的灵感

意：*San Matteo e angelo* / 英：*The Inspiration of St. Matthew*

卡拉瓦乔（Michelangelo Merisi da Caravaggio）油画

1602，292 cm×186 cm

罗马/法兰西・圣路易教堂（San Luigi dei Francesi，Roma）

风格（如《女占卜师》）、明暗对比法（如《圣马太蒙召》）后，成为卡拉瓦乔为巴洛克艺术打造的第三项特色。

在法兰西·圣路易教堂的画作完成之后，卡拉瓦乔声名鹊起，深受年轻画家的崇拜，慕名而来的邀约者捧着可观的合约金上门，期盼得到他的首肯。尽管他应依照合约规范作画，如人物的仪态、表情、穿着、搭配素材、氛围、色调等，但他不再甘于遵循传统。实际上，卡拉瓦乔进入玛德玛宫后，“就过着双重生活，身为蒙特上流社会的一员，却又是一个在酒馆酗酒，在战神广场后巷决斗的街头流氓”①。他激烈放荡的性格，让他的画迸射崭新的诠释。卡拉瓦乔宗教主题的模特儿，多是来自市井的边缘人；其题材环境，则采集自社会底层的现场，让肃穆的秘境转化为生活场景。《圣母之死》就是一个例子。

据说他采用一名妓女为模特儿，成为圣母马利亚的替身。画中，在悬梁之下、空无一物的房间里，使徒们或不胜唏嘘，或哀恸欲绝，抹大拉的马利亚②更是哭得将头伏在膝上。

斗室上方除了勉强象征神迹的红布帘，以及圣母头部附近聊备一格的光环之外，她的死状无异于底层的普罗大众。从画面显示的情景判断，可能在她去世不久后，使徒们便匆匆将她抬到一张窄小的木板床上，她的头无力地垂在枕头外缘，赤裸的双足伸出床板之外；他们来不及将她摊在床边的左手收到腹部位置，与右手交叉，以呈现安详的姿态，让她静待召唤升天。然而，就圣母毫无复活迹象，众人神情哀戚，以及他们为洗净尸体而准备的一盆醋水来看，丝毫感觉不出圣母蒙召的神迹。那道惨白微弱的光，从左上方，经过使徒们的秃顶，到圣母瘫软的身体和绝望的抹大拉的马利亚的背上，它并非召唤之光，而是无情天体运行的光影。

《圣母之死》少了一般宗教画神格化的预示，却充满了民胞物与、人溺己溺的人道精神，这是卡拉瓦乔刻意不显机锋，纯然呈现肃穆哀戚的作品。

---

① 何佩华（译）:《卡拉瓦乔》，左岸出版2007年版，第94页。（Francine Prose，2005，*Caravaggio: Painter of Miracles.*）

② 抹大拉的马利亚（Mary Magdalene），耶稣的追随者，一说为耶稣的妻子。

圣母之死

意：*Morte della Vergine* / 英：*Death of the Virgin*

卡拉瓦乔（Michelangelo Merisi da Caravaggio）油画

1604—1606，369 cm×245 cm

巴黎/卢浮宫（Musée du Louvre，Paris）

然而，雇主却无法接受而坚拒收下。后来，这幅画在佛兰德斯画家鲁本斯[①]（Peter Paul Rubens，1577—1640）的积极鼓吹之下，由他的雇主曼托瓦[②]公爵（Vincenzo Gonzaga，Duke of Mantua）收购。公爵去世后，这幅画辗转至英王查理一世手中，而后到法王路易十四手上，至今收藏在巴黎卢浮宫。

骚动的灵魂　颠沛的人生

我相信卡拉瓦乔的出发点不是嘲讽信仰，刻意让付钱的雇主难堪。他勠力突破传统的窠臼和创造新形态艺术的巧思，尽管让前卫艺术爱好者惊艳，但在卫道人士眼里却是亵渎的表现，因而屡受批评。他遭到退件、修改、拒绝付款的案例，所在多有，其中还包括艺术家心目中的圣殿——圣彼得大教堂所委托的画作。卡拉瓦乔原就棱角分明，善感易怒，加上他极高的艺术天分，让他不屑于抄袭重复。

他对于外界肤浅的艺术门派粗鄙的谩骂，不只愤愤不平，也常用激烈的言辞或乖戾的举止回应。他曾出剑伤害一名批评法兰西·圣路易教堂画作的男子；1603 年，又疑因以淫秽不堪的诗句，诋毁敌对派系画家巴廖内（Giovanni Baglione，1566—1643），被判毁谤罪入狱。让人感到讽刺但不意外的是，巴廖内的部分画作反而深受卡拉瓦乔的影响，融入了明暗对比的技巧。巴廖内后来还出版了一本有关当代艺术家的传记，内容包含了卡拉瓦乔荒诞的习性和犯案累累的记录，这本书也成为后人了解卡拉瓦乔生平的重要参考文献。

卡拉瓦乔令人不解的脱序行为，屡见不鲜。1604 年，他疑为名叫莱娜（Lena）的模特儿，以剑攻击声称拥有她的男子。在对方告到法庭以后，卡拉瓦乔逃往热那亚共和国[③]一个月；同年的一个夜晚，可能酒喝多了，失去理性，他抱怨服务员态度恶劣，随手朝对方丢菜肴，双方发生肢体冲突，服务生跑到法院求救。

---

① 鲁本斯出生于德国，曾受雇于意大利北部的曼图亚公爵，后来回到家族故居——比利时的安特卫普。他的画深受米开朗琪罗、提香和卡拉瓦乔影响，成为巴洛克时期的大画家。

② 曼托瓦（Mantua）曾是位于米兰和威尼斯之间的一个城邦公国。

③ 热那亚共和国曾是意大利西北海岸的独立城邦，位于米兰南方。

1606 年，在一场赌注甚高的皇家网球赛中，他和一名当地颇有势力的好斗之士对打。对手的女人菲莉缇曾为娼妓，也曾多次担任卡拉瓦乔的模特儿，极可能和他有过亲密的床笫接触，却非出于异性磁吸，更遑论爱意厮守，毕竟女性不是他精神上或身体上的归依，但无论如何，她成为两名男士结仇的主要原因之一。比赛进行中，卡拉瓦乔指控对手作弊，引发双方人马的冲突，经一阵扭打之后，他失手杀害了菲莉缇的男人。[①]

虽然卡拉瓦乔过去牵涉一连串的刑案，但所幸凭借赞助他的贵族和

① 有关这一连串的争斗事件，摘于何佩华（译）:《卡拉瓦乔》，左岸出版 2007 年版，第 107—135 页。（Francine Prose，2005，*Caravaggio*：*Painter of Miracles.*）

七慈悲

荷：*De zeven werken van barmhartigheid* / 英：*The Seven Works of Mercy*

阿尔克马尔（Meester van Alkmaar）木板油画

1504，119 cm×472 cm

阿姆斯特丹/国立博物馆（Rijksmuseum，Amsterdam）

主教们的关说搭救，而没有长期系身于牢狱。但这一回，他们再也无力拯救这位前科累累的艺术家因失控所犯的杀人重罪，要避免可能的死刑判决，只有流亡一途。最终，在科隆纳家族[1]的协助下，卡拉瓦乔逃往西班牙管辖的那不勒斯王国。

---

① 卡拉瓦乔父亲生前的雇主，斯福尔扎公爵的夫人，来自科隆纳家族。

南国那不勒斯

到了那不勒斯，他在科隆纳家族的安排下，承接了众人称羡的委托案。当地有座仁慈山教堂（Pio Monte della Misericordia），经过数年整修完工。赞助者是一群年轻贵族，他们每星期五在这里聚会，讨论援助重症病患的慈善工作。他们邀请卡拉瓦乔为教堂的主祭坛创作，主题为《马太福音》[①] 的六个慈悲训言：给饥饿的人温饱，喂渴者饮水，脱下衣裳给赤身裸体的人，接待外地的访客，照顾病痛的患者和慰问监狱的囚犯。此外，加上埋葬穷困的死者，成为“七善行”。

绘画史上，相关的主题屡见不鲜。作品多逐一阐释各个善行，清楚而专注地通过人物的刻画、场景的搭建和具有个人特色的画风，将循循善诱的教化目的，以艺术的方式一一呈现出来。或者，以民俗画的方式，将七个慈悲善行，全部聚集在远景俯视的市街上，以类似《清明上河图》桥边市集的方式，像连环图画故事般地罗列出来。十六世纪初，一位画家就曾为北荷兰省的圣劳伦斯教堂（Grote of Sint-Laurenskerk）创作过这样的木版油画。

仁慈山教堂给卡拉瓦乔的任务，是在一幅主祭坛的画板上完成《七善行》。这个超高难度的挑战，犹如冀望一位音乐家独奏出交响乐形式的曲目。

《七善行》之“济食与探监”

卡拉瓦乔对付这个难题的第一步，是采用“画中有话”的方法，借由寓言人物的象征，带出各个善举的意义。

首先，画面最右边的两人，是描述给饥饿的人温饱及慰问监狱囚犯的善行。故事取材自《古罗马人的善行故事》。自古以来，欧洲狱中不人道的施虐行刑极为普遍，监牢里的环境极为恶劣，很少有人愿意入监探访。一个名叫佩罗（Pero）的女孩，却无畏地到狱中探访父亲西蒙（Cimon）。佩罗进监狱之前，先经过彻底的搜身，以确定不会有任何违禁物品或食物夹带入内。之后，看到遭受禁食处罚、濒临死亡的父亲，她

---

① 《圣经 · 马太福音》第二十五章三十五节。

七善行

意：*Sette opere di Misericordia* / 英：*The Seven Works of Mercy*

卡拉瓦乔（Michelangelo Merisi da Caravaggio）油画

1607，390 cm×260 cm

那不勒斯/仁慈山教堂（Pio Monte della Misericordia，Napoli）

罗马人善举

意: *Carità Romana* / 英: *Roman Charity*

鲁本斯（Peter Paul Rubens）油画

1612，141 cm×180 cm

圣彼得堡/埃米塔吉博物馆（Hermitage Museum，Saint Petersburg）

急忙褪下衣衫，以乳喂食。狱卒瞥见这一幕，深受感动，遂向上级报告，最后将西蒙释放。

卡拉瓦乔之所以选择这个题材，我判断主因是可以一次“交代”两个善行。身为一个履约的画家，他的任务就像室内设计师一样，要设法满足雇主对于休憩、娱乐、工作、进餐、宴客、收纳和储藏等种种功能的需求，他得构思如何在有限的空间里解决问题，完成客户的实际需求，达到一石数鸟的效果。然后，他设法梳理统整自己对空间、光影、线条、材质的想法，满足甚至超越客户对一个家的期望。

当然，以乳喂食有一定程度的吸睛效果，但他应非刻意煽情。纵观他一生的画，裸露的人物多为年轻的男性，女性的身体很难让他产生悸动。崇敬他的伟大画家鲁本斯，从意大利回到安特卫普（在今天的比利时）后，也画了相同主题的画。相较之下，卡拉瓦乔的版本显然素朴许多。她一面喂奶，奶汁还溅到父亲的胡须；一面不安地嚷着，似乎回应狱卒的惊讶。

卡拉瓦乔明明是个眼高于顶、狂妄不羁的艺术家，但下笔稍一越线，画作便会遭到退件，产生纠纷不断，又收不到钱，对他形成有苦难言的莫大压力。然而，他仍有所坚持，多年在街头滚打的经历和攀入宫廷生活的极度反差之中，他选择体现庶民生活的真相，传递面临生存搏斗的写实主义（Realism）；他摒弃过往绘画中人物如娇贵糖霜的俗腻感，或看似崇高但如同嚼蜡的窠臼，让收藏画作的上流人士能直视社会底层的现实面。同时，写实主义的风格让平民更容易理解艺术，让他们得到可贵的救赎。如此一来，在卡拉瓦乔叛逆的性格下所展现的横空出世的艺术才华，很快就获得各个阶层人士的喜爱。

《七善行》之“赠衣蔽体，关怀病患”

顺时针方向，我们接着看到赠袍予衣不蔽体者的部分。

“赠衣蔽体”的典故[①]说的是公元四世纪时，一位名叫马丁（Martin，或译玛尔定）的罗马帝国军人，有一天路经巴黎北方的亚眠市（Amiens）附近时，看到一名无衣可穿的乞者，在寒冬之中眼巴巴地盯着路人求助，但无人理会。马丁身无长物，但仍趋前用剑将身上披的长袍割成两半，一半分他穿上。当晚，耶稣穿着那半件长袍，来到马丁的梦中。他对天使说：“这是马丁，一个还没受洗的罗马军人，他给了我衣服穿。”之后，马丁受洗为基督徒。不久，他受征召到部队服役，却因信仰之故不愿作战。马丁被判怯懦罪，不得持武器上战场。出乎意料的是，当敌军入侵时，竟突然宣布和解。马丁离开部队以后，创立了高卢（法国的前身）的第一个隐修教会——本笃会。由于这两件大爱善行，受到封圣的圣马丁（Saint Martin of Tours）后来还成为法国的守护圣人。

---

① Clare Stancliffe (1983). *St. Martin and his Hagiographer: History and Miracle in Sulpicius Severus. Oxford.*

如果观者够细心，会发现圣马丁出鞘的利剑后方，有个侧身于暗处的穷人，可能不良于行，隐含关怀患者的善意。这是卡拉瓦乔一并传达关怀病患和赠衣蔽体两件善行的权宜之计。

《七善行》之“来者是客”

从地上的穷人顺时针往上，是款待外地的访客。

有一天，雅各、哥哥约翰（又译若望）和耶稣一起在渔夫彼得的船上。

航行了一天毫无所获之后，熟悉当地渔场的彼得断定不可能有鱼，耶稣却要他往水深处下网，结果捞获满满的鱼。众人惊讶之际，耶稣说："从今以后，你们要得人了。"意思是跟着耶稣传道，得人如得鱼。于是，雅各、约翰和彼得三人都受蒙召，成了耶稣的使徒。

耶稣升天以后，雅各积极传播教义。他宣扬耶稣生平事迹，引述神迹的见证，吸引众人加入信徒的行列。不过，他传教的举动引起统治阶层的疑虑。公元 42 年，趁逾越节[①]前，当地国王判雅各杀头之罪[②]。检举人见雅各从容赴义，丝毫无所畏惧，因而深受感动。检举人当众宣布信仰耶稣基督，也立刻遭到逮捕，被叛死罪。行刑前，他请求雅各原谅，雅各说："愿你获得平安！"雅各成为第一位殉道的使徒。

雅各死后，埋葬在耶路撒冷。后来信徒辗转移灵到西班牙西北角——他生前曾讲道的地方。九世纪时，一位牧羊人凭借满空星野的指引，发现雅各的遗骨，于是此地被称之为圣地亚哥·德·孔波斯特拉（Santiago de Compostela），西班牙语的意思是"满空星野的圣雅各"。

后来，雅各的墓地不断流传各种神迹显现的传说，强化西班牙人对基督教义的信仰，也振奋了民族自信心，圣雅各成为西班牙的守护圣人。圣地亚哥·德·孔波斯特拉逐渐成为众人参拜的宗教圣城，与罗马、耶路撒冷并列为三大圣地。前来朝圣的信徒来自欧洲各地，他们从家里出发，路程可能为期数周甚至长达两年，目的地是圣地亚哥附近的海边。抵达后，他们多会买当地盛产的扇贝作为纪念，久而久之，朝圣者将它别在帽子或衣服上，方便沿路的信徒家庭招呼饮食，或接待住宿。

有关扇贝衍生的传说很多，包括圣雅各出身渔民的背景，还有圣雅各被移灵到西班牙西北部海岸边时，船只不慎倾覆淹没，遗体被海浪冲上岸时，发现圣雅各的尸体完整，满覆着扇贝。扇贝不只可用来盛水盛

---

① 逾越节（Passover），又称巴斯卦节。根据《圣经·旧约·出埃及记》第十二章的记载，当犹太人在埃及当奴隶时，上帝征召摩西带领他们回到应许之地。摩西要他们躲在家里，拿牛膝草蘸羊血，打在门和门框上，以便耶和华杀埃及人时，不会进他们的房子。之后，犹太人守节纪念，感念耶和华之恩，这便是逾越节的由来。依据习俗，逾越节那七天，不得行刑处决犯人。

② 《圣经·新约·使徒行传》第十二章。

饭，它呈扇形直线纹路汇集于一点的形状，也代表朝圣者来自世界各地，终将归抵圣城路线之意。

《七善行》之“来者是客”的两人，右边戴帽者别有扇贝的是朝圣的旅客，左边是殷勤招待的当地人。卡拉瓦乔借用圣地亚哥的朝圣作为善待旅人的象征，应该是给雇主所代表的西班牙势力一个善意的回应吧！

《七善行》之“安葬亡魂”

再顺时针往右，是安葬穷困死者的善举。手拿烛炬的是一位教堂的执事，他张开的口，似在朗诵安魂的福音。烛炬的光，是卡拉瓦乔作品里少有的主体光源。这意味着死者不幸死于暗巷，无法升天受神的眷顾，所以执事得点燃烛火，指引路途，托人为他安葬。卡拉瓦乔以烛火照亮暗夜巷弄，彰显人性之光。

《七善行》之“解渴，还是解脱”

在我们的目光移动到天上之前，还有一位介于凡人与圣神之间的英雄人物，他是画中最左侧仰头狂饮的犹太人士师参孙。公元前十一、十二世纪时，以色列仍是一系列松散的部落。当危机发生时，上帝指定的士师（Biblical Judges）拥有审判的权力。根据《圣经·旧约》的记载，以色列人当时过着阴霾穷困的日子，常遭受外来海上民族非利士人（Philistines）的侵袭骚扰，甚至屈服在他们的淫威管辖之下。

当时，有一对夫妇苦无子嗣，祈求上帝倾听他们求子的愿望。耶和华觉得拯救以色列人的时机到了，便通过天使和这对夫妇约定，让他们生育一子。将来长大，此子必须服侍主，听从主的戒律和指示。

天使离开以后，参孙顺利出生、成长。他的气力惊人，撕裂猛狮如宰杀羔羊，也能轻易地以一人之力击退众敌。有一次，他被敌人捆绑，上帝降灵，赐他力量挣脱，他只用地上一块驴腮骨，击杀约一千名非利士人。厮杀之后，他觉得口渴，求告上帝："我征战有功，不该死于饥渴。"上帝垂怜，地上汩涌出水来，这就是《七善行》画中给渴者饮水的典故。

画中的参孙肖像与画家本人有若干神似。卡拉瓦乔将参孙求水的典故入画，其实有些勉强。我们小时候可能看过二十四孝的图解故事，如"卧冰求鲤""彩衣娱亲""卖身葬父"等代代相传的民间故事。《七善行》画中的善举背景，亦是如此。但参孙的口渴求水，却是来自上帝的恩赐，不是凡人的懿行。再从画里监狱窗口的上缘与下缘，往左延伸形成的夹角来看，夹角线交汇之处又恰是参孙。因此，卡拉瓦乔做此安排的动机并不单纯。

参孙的个性叛逆乖戾，情绪乖张不受控制，他易受情欲美色左右，甚至娶敌族之女为妻；他违背上帝订下的每条戒律，包括不得饮酒和避免触摸死尸等；尽管他极其自我，纵欲悖德，却自恃不凡的气力，得以担当以色列人的士师。对照忤逆不驯的卡拉瓦乔，

他虽然我行我素，官司丑闻缠身，但仍能出类拔萃，受到众人的支持而笑傲天下。这是让与参孙心有戚戚焉的卡拉瓦乔刻意选择参孙入画的原因吗？

参孙的故事还有下文。敌人苦于他的莫测之威，便以美色诱使参孙透露神力的来源。几经蛊惑，参孙吐露他非凡的气力来自一头长发。于是，敌人趁他在情妇膝上入睡之时，剪去他的头发，并剜除他的双眼，让他神力尽失，不见天日，关进地牢，任人劳役戏弄，受尽折磨。有一天，非利士人和统治者聚集在神庙，他也被押了过去。此时已渐渐长出头发的参孙，请求上帝赐他神力。接着，他使出浑身力气，双手拉倒神庙大柱，与敌人一起埋在倾颓的残墟里，参孙成为传奇的悲剧英雄。难道这是卡拉瓦乔逃命流亡之际，针对毁誉参半的自己所做的最坏打算？或是他对自我历史定位所做的预言？

《七善行》之“最终的救赎”

画的上半部，传达圣母、圣子和天使的见证与关怀。天使翅膀在暗巷墙上的影动，见证神的降临，受难的人终有依托。乘坐在天使翅膀之上的圣母，俯瞰贤者的善行义举，疼惜人间的苦涩和悲痛。凡间在她的哀怜垂目、慈辉笼罩之下，都会得到救赎与依归。

《七善行》是卡拉瓦乔布局最复杂、主题涵盖范畴最广的作品，以传统的美学眼光和素养，很难下手分析与评价。画中不同背景的人物交织，而故事各异，难以寻找视觉焦点，令观者不知从哪里开始看起。没有焦点，就不容易有构图上的主从关系和层次感，画中人物还来自不同的时空，难以用色彩或光源，统合成一个整体。这个创作呈现的窘境，可以说是卡拉瓦乔野心过大的后果，尤其是他用自然写实的手法描绘，使得人物场景的描绘必须逼真，即便是天使的翅膀也接近飞禽翅膀般的“写实”，让画面产生些许违和感。然而，这也或许是放手创新所必须付出的代价。

这让我想起毕加索曾对友人说的一段话：“当你创造一个东西，一个复杂棘手的东西，在好不容易做出来时，一定很丑。但在你之后，跟着做相同东西的人，就无须操心了，因为当大家都在做，随便谁都可以轻易让它变得美丽。”①

欣赏这幅画最好的起点，恐怕得从雇主崇敬荣耀的对象，也是给予人间苦难救赎的圣母开始。沿着她的目光所散发的光，我们看到从授乳的佩罗、圣马丁的腿，到裸着上身的穷人所形成的顺时针顺序，然后到教会执事手中散发人性温暖色彩的烛火，最后，由天使挥舞的翅膀，形成一股同方向的律动，它和圣母的关怀互动共鸣。

《七善行》完成之后，那不勒斯人对这幅依真人尺寸创作的巨型作品感到惊艳狂喜，视之为一项精湛至极的大师之作。虽然是潜逃流亡的身份，卡拉瓦乔仍然在这里受到热烈的欢迎与推崇。

汪洋孤岛马耳他

那不勒斯离罗马两百多公里，骑马只消三天的路程，尽管他有睥睨天下的才情，但在罗马所犯下的死刑重罪未解，死亡的阴影始终萦绕不去，他得另觅更有安全感的栖身之地。没有闲情享受掌声的卡拉瓦乔，一路向南，离开了意大利半岛，跳过西西里岛，来到距罗马有千里之遥，

① Gertrude Stein（1933）. *The Autobiography of Alice B. Toklas*（p. 23）. Vintage Books.

孤悬于欧、亚、非之间的蕞尔小岛马耳他（Malta）。

在这个岛上，有一支遗世独立的军事组织。他们是自十一世纪末，第一次十字军东征成功后，留在圣地耶路撒冷保护医疗设施的骑士团。后来圣地得而复失，他们移至土耳其外海的罗德岛（Rhodes）。十六世纪中期，他们遭到土耳其人驱逐，时任西班牙国王兼神圣罗马帝国共主的查理五世接纳了流亡的骑士团，安排他们驻扎在马耳他岛。

不久，被欧洲人视为无坚不摧的奥斯曼土耳其帝国又频频来袭。1565年，拥有约五百名核心成员的“马耳他骑士团”率领岛上由西班牙裔、意大利裔、希腊裔士兵及当地壮丁拼凑而成的五千多名自卫军，抵抗四万多名土耳其大军的攻击。在经历长达四个月，约十三万发炮弹的围城轰炸后，马耳他骑士团凭借着惊人的毅力，打赢这场不可能的战争。他们英勇善战，整个欧洲为之振奋雀跃，并传诵不已。

1607年，卡拉瓦乔来到这座长宽不过二三十公里的弹丸之地，看见岛上固若金汤的碉堡，心头的死亡威胁感应大为缓解。尤其，在“马耳他大围攻”（The Siege of Malta）一役后，欧洲各国均视马耳他为遏止奥斯曼帝国染指地中海霸权的最前线，竞相提供大量金钱援助。

骑士团团长韦格纳科特（Alof de Wignacourt）在十七岁时，也就是大围攻的前一年，加入马耳他骑士团，全程参与这场惨烈而傲人的战役。他成为团长后，进一步扩大军事设施，修筑水利工程，让这座岛屿成为天主教世界的滩头堡。行前通过科隆纳家族的打点安排，来此寻求庇护的卡拉瓦乔，所能准备的最佳谢礼就是为战功彪炳、成就斐然的团长画一幅肖像画。

毕竟是一件护身符，相较于其他作品潇洒发挥自己的理想性，这幅画显得规矩许多。六十岁的韦格纳科特团长，身披闪耀的铠甲，两眼遥视画框之外；执兵符权杖的手，左掌朝下，右掌虎口朝上，显现他兼具力拔山河的气势和运筹帷幄的领袖特质。旁边的少年侍从，标志着卡拉瓦乔的印记：他双手捧着团长缀有羽毛的头盔，收紧下巴、紧闭双唇、瞪大着眼朝着观者，传达生人勿近的强烈信息。军威显赫、护教有功的韦格纳科特，身边有不少由欧洲宫廷贵族送来的年轻男孩。他们在“前线”担任见习骑士，等同为未来平步青云的生涯，增添光荣晋级的徽章。

韦格纳科特和侍从

意: *Ritratto di Wignacourt con paggio*

英: *Portrait of Alof de Wignacourt & his Page*

卡拉瓦乔（Michelangelo Merisi da Caravaggio）油画

1607—1608，195 cm×134 cm

巴黎/卢浮宫（Musée du Louvre，Pairs）

团长非常喜欢这幅肖像画。他挟着天威大将的功勋，授封有死罪在身的卡拉瓦乔为骑士。卡拉瓦乔大喜过望，但可以想见其他骑士对他轻易获此殊荣感到愤愤不平。不出意料的麻烦又来了。卡拉瓦乔的武术似乎不下于他的画功，在一次挑衅决斗中，他伤了一名职位较高的骑士，因而入狱，被关进地底牢洞，上有孔盖锁住。

想从牢洞挣脱，凭个人本事是完全办不到的；而要逃出工事完备、恶水环伺的汪洋孤岛，没有团长的默许，完全是个空想。或许就是上位者爱才的胸襟，加上几个骑士的暗地协助，他奇迹般逃离马耳他，前往昔日密友马里奥·明尼蒂的家乡——西西里岛。

预知死亡纪事

能在泅渡大海之后，和昔日腻在一起的青春伙伴重逢，最能让疲惫虚弱的卡拉瓦乔得到需要的慰藉。事实上，他从这位曾共患难、相濡以沫的画家朋友那里得到的更多。在身体逐渐康复之后，明尼蒂帮他安排了如超级巨星的巡回创作行程。他从明尼蒂家所在的西西里岛东南角的希腊古城锡拉库扎（Syracuse）出发，沿着海岸往北，到遥望意大利半岛的墨西拿（Messina），之后再折往西边，到西西里王国首府巴勒莫（Palermo）。卡拉瓦乔所到之处，都受到当地贵族和教会的热烈欢迎，竞相邀约作画，他的合约金额屡创新高。可惜的是，后来这些作品因地震、海啸、瘟疫的关系，未能妥善保存，留存下来的画作也遭到程度不一的损毁。

他的人生经历似乎也因为无法控制的乖戾性格，不断在凯旋高峰处下落，恰似命运总碰到一个奇妙的点，不断被按下重复播放键；它们发生的情节雷同，只是场景更易。极可能是挟怨报复的马耳他骑士追杀到了西西里岛，卡拉瓦乔再往北回到意大利半岛上的那不勒斯王国，接受科隆纳家族的庇护。当他人在那不勒斯时，还是遭到不明人士的攻击。这时命运重复的播放键按得更快了，对他的命运形成不可逆的嘲讽。

有个《圣经》故事，或许能反映他此时处境的吊诡。

在《七善行》画中，提到参孙在公元前十一、十二世纪时，担任过以色列部落联盟的士师。几十年后，以色列人要求立一个更有实权的王来统治。公元前1044年，在上帝的指定下，扫罗（Saul）成为以色列联合王国的第一位国王。但由于他做的一些事违背耶和华的旨意，上帝于是另择了一位“红光满面，双目清秀，容貌俊美”①的少年，名为大卫，准备培养他成为接班人。

当时，非利士人仍然骚扰着以色列。他们之中有一个高大威武的巨人“哥利亚”（Goliath），身高“六肘零一虎口”②。他穿了一身铜盔铠甲，连续叫嚣挑衅四十天，扫罗和以色列人见状都惊恐而束手无策。

年轻的大卫本来只是到战场上帮哥哥们送饭，途见此状，他无畏地上前回应：是耶和华要他来战胜敌人的。大卫只用了抛石带将石头甩了出去，就击倒了哥利亚，然后用哥利亚的剑割下他的头，带回耶路撒冷。从此，年轻的大卫象征无所畏惧的英雄。

大卫之一

艺术史上，以大卫为主角的创作不知凡几。第一个最叫人惊叹的，是1440年左右，由多那太罗（Donatello，1386—1466）创作的铜雕《大卫》。

这尊作品是由科西莫·梅迪奇（Cosimo de' Medici，1389—1464）所委托。科西莫的父亲将家族经营有成的羊毛事业多元化，发展成为欧洲最成功的金融银行巨擘。到了科西莫，不但继续快速积累家产，更将家族的影响力超越商业领域：他一方面倾注巨额的财富于佛罗伦萨的公共建设和政治投资，成为这城邦共和国的僭主——不具官方名号的真正统治者，他是为梅迪奇家族开启长达三百多年政治王朝的创始人；另一方面，他醉心于希腊典籍的翻译和艺术家的创作赞助，最终推波助澜形成璀璨的文艺复兴时代。

多那太罗的《大卫》雕像，就是这个辉煌年代的先驱艺术品。单凭其作品的裸像形式，就足以在艺术史留名。古希腊原本就歌颂精美的男

① 出自《圣经·旧约·撒母耳记》。《古兰经》也记述了相同的故事。
② 《圣经·新约·使徒行传》（第十二章）。肘和虎口都是丈量长度的单位，一个手肘的长度是成年男子从手肘到中指的距离。在《圣经》中，一肘等于两虎口。

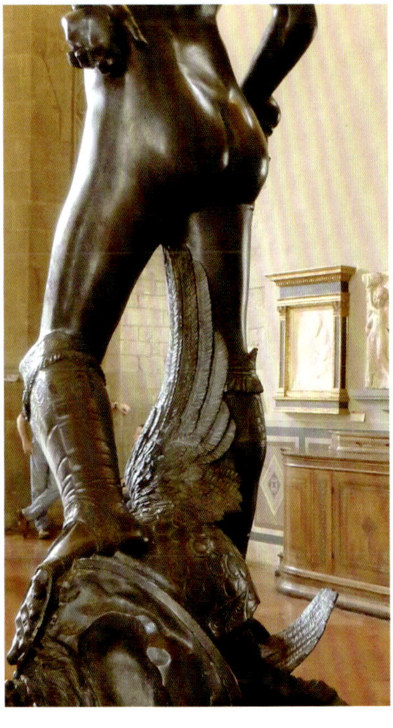

大卫

David

多那太罗（Donatello）铜雕

1440s？

H：158 cm

佛罗伦萨/巴杰罗博物馆

（Museo Nazionale del Bargello，Firenze）

大卫

David

米开朗琪罗（Michelangelo）

大理石雕像

1501—1504

高：4.1 m（含底座 5.17 m）

佛罗伦萨 / 学院美术馆

（Galleria dell'Accademia，Firenze）

体，当时的运动员便以裸身、淋油（橄榄油）的仪式，来参加运动会的竞技，这仪式具有虔诚礼神的含义。今天我们在美术教室看到的石膏像，或是一些装饰宫廷花园的雕像，都是古希腊时期遗留下来的造型典范。

希腊罗马的古典时期[①]结束后，进入中世纪[②]的教会统治。裸像在卫道人士的眼中变成妨碍风化的象征，也因教规的独尊圣神，一般人的肖像难以登堂入室。因此，多那太罗《大卫》的出现，可以说是自中世纪千年来的首例，它几乎是敲锣打鼓地宣示"文艺复兴"时代的降临。

多那太罗的突破不仅于此。《圣经》故事里的大卫固然体形远较哥利亚短小，但他的体形怎么也应该英勇威武，展现力与美的精实人体美学。然而，多那太罗的《大卫》像，却是有着洋溢女性特质的躯干，体态近乎是摇曳生姿的花美男。还有，他脚下踩着的是哥利亚戴着头盔的首级。有人形容这构想的组合，根本是披着优雅外衣，尽遂其性虐幻想之作。尤其，他头戴桂冠，看着头盔下的脸，更增添了诱人的遐想。可以想见这尊雕像问世时，无论从哪个角度来看，都带给观者巨大的冲击。

大卫之二

半个多世纪后，历史上最负盛名的大卫像出现了，创作者是米开朗琪罗。时年二十六岁的米开朗琪罗，舍去恶敌象征的哥利亚，独尊青春的胴体，向古希腊的古典美感看齐，塑造了一个充满智慧与生命力，具有运动员般完美体态，足以骄傲地奉献给神的无瑕极品。

大卫的站姿，回到古典主义的人体美学。他倾尽全力展现赏心悦目、有着完美姿态的赤裸胴体；雕像的脸部表情必须保守克制，以确保身体曲线专注地展现力量、平衡与美感。米开朗琪罗让《大卫》像呈现永恒姿态的方法是：将人体重心置于一腿，另一腿往前微微弯曲，这样一来，

---

① 古典时期（Classical antiquity），一般约指自公元前八世纪希腊荷马史诗的出现，至公元五世纪西罗马帝国灭亡为止的古希腊罗马文化时代。

② 中世纪从公元五世纪持续到公元十五世纪，指西罗马帝国灭亡至东罗马帝国灭亡的时期。

上身裸体躯干不会成矩形的肉块呆板地插在两条笔直的下肢上。由于这种站姿的安排，会往上牵动腹肌、肩线和颈部线条，展露微微侧身所摇曳出的立体感与张力；接着从背部脊椎往下到臀部，也会带出S形曲线的肌理，让身躯上下前后相互呼应。如此一来，双手的摆放以及双目的注视也有弹性施展的空间，展现一种活泼但均衡的力与美。由此观之，多那太罗的《大卫》更早“发现”这个概念，他巧妙运用哥利亚的头颅，作为设计站姿的底座。

和古希腊裸像的优雅安详或展现运动肌理之美相较，米开朗琪罗的《大卫》更注重肉体的魅力，让人想抚触他的胴体。大卫左手轻轻扶着垂肩的抛石带，表现出气定神闲、不费力就能摧毁敌人的自若神情。另一方面，米开朗琪罗塑造大卫如绵延沙丘的右臂肌线，精雕浮着血管纹理、握着石块的厚实右手，他好整以暇，摆出一副预备歼敌的姿态，仿佛单凭这浑然天成的完美身躯，就能令敌人退避三舍。大卫也像一位威风凛凛的投手，站在投手丘上，尽管敌对阵营叫嚣不止，他的双眼仍无惧地凝视打者，仿佛看透对方的实力，备好球路对策，准备将他三振出局。

大卫之三

尽管未届不惑之年，卡拉瓦乔已遍历两性情欲的摆荡、毁誉参半的评价和死亡的威胁，他的快转人生走到这里，再怎么精力充沛，胸怀创作的热情，也会疲惫沮丧。未满三十岁时，卡拉瓦乔在蒙特枢机的庇护下，创作了法兰西·圣路易教堂的《圣马太蒙召》，风靡了罗马城，彼时，他是大卫。十年后，流亡数千里的卡拉瓦乔，绝不再是大卫。

然而，卡拉瓦乔还是选择大卫为画作的主题。他的目的是挑战多那太罗和米开朗琪罗？或者意在向两位伟大的艺术家致敬？无论如何，他一定想过，如果幸运的话，将来可能有人将之相提并论，因此他得表现出属于自己的风格。卡拉瓦乔选择了一个血淋淋的角度，创作了《手提哥利亚头颅的大卫》。

卡拉瓦乔一向偏爱取材现实。他所处的世界，经常可见神权统治当局公开对异教徒、妓女、盗匪等执行残忍的刑罚，包括砍头和火刑，因此，以写实的方式呈现被砍的头颅，对他来说不是难事。而且，类似关

手提哥利亚头颅的大卫

意：*Davide con testa di Golia* / 英：*David with the Head of Goliath*

卡拉瓦乔（Michelangelo Merisi da Caravaggio）油画

1609—1610，125 cm×101 cm

罗马/博尔盖塞美术馆（Galleria Borghese，Roma）

于头颅的主题，也经常出现在当时的画作里，不会让人觉得有什么好惊世骇俗的。问题是，他把自己化成了哥利亚。

大卫以哥利亚的剑割下他的头颅，但脸上毫无手擒战利品的喜悦。在他蹙眉凝视、微抿双唇的神情中，似乎疼惜哥利亚（卡拉瓦乔）曾经走过的崎岖旅程。难道是缅怀青春的卡拉瓦乔，对历经沧桑、厌倦逃难的自己告（永）别？还是他想借这幅忏悔画，送给教宗，以便祈求他的宽恕？抑或这纯然是他对自己死期不远的预告？

不久，卡拉瓦乔通过有力人士——包括枢机主教博尔盖塞（Scipione Borghese，1577—1633）——的运作，可望获得教宗的特赦。1610 年夏天，他带着用得上的几幅画（《手提哥利亚头颅的大卫》可能是其中一幅），从那不勒斯北上。他理应走陆路前往罗马，但也许考虑陆地易遭到埋伏，所以改往海上航行。途中，西班牙士兵显然认错人，扣下他的画，将他关起来。虽然不久之后他就获得释放，但不知何故，画被运往北方，他急急忙忙去追。卡拉瓦乔终于在罗马西北方约一百公里的埃尔科莱港（Porto Ercole）追到了自己的画作，同时也得知赦免状将随时颁发下来。然而，就在等待的日子里，他却染患热疾，旋即不幸病逝。

几天之后，教宗宣布赦免他，但上帝已提前一步召唤未满四十岁的卡拉瓦乔而去。

百花齐放巴洛克

1624 年，卡拉瓦乔生前的亲密伙伴——诗人朋友詹巴蒂斯塔·马里诺（Giambattista Marino，1569—1625），安排当时年纪尚轻的普桑（Nicolas Poussin，1594—1665）来到罗马作画。他看了卡拉瓦乔的作品，不屑地说："他来到世上的意图，就是摧毁绘画！"[1] 普桑日后成为法兰西国王的首席画家。

卡拉瓦乔炫技夺目的绘画才能，突破古典主义的美学框架，以社会写实的手法及动态的戏剧张力，创作出充满现代气息的绘画作品。然而，在卡拉瓦乔结束短暂的一生以后，他的绘画却被批评为"心血来潮""不

---

① Jonathan Unglaub（2006）. *Poussin and the Poetics of Painting*（p. 12）. Cambridge University Press.

堪入目”“游走于神圣与猥亵之间”的低俗之作，被贬为艺术史的垃圾。他在世的名声如划过天际的流星，迅速陨落，他的画也刻意遭到忽视。即便到了1937年，著名的荷裔美籍历史学教授房龙[①]，在其畅销全球的著作《人类的艺术》一书中，虽有专章介绍巴洛克艺术，却完全找不到卡拉瓦乔的名字，由此可见一斑。

若说卡拉瓦乔的历史定位遭受忽略数百年，是因为来自当时文明较为保守地区的法国人——普桑的一锤定音，并不为过。主要原因不是出于民族主义的情绪，恰恰相反，普桑根本就以恢复希腊罗马，乃至文艺复兴的艺术文明为己任，而普桑也确实能在古典艺术的基础上，进一步发展具有哲学意蕴与诗意的作品。别说与达·芬奇、米开朗琪罗或拉斐尔等全能的艺术家相提并论，即便是普桑个人的文哲素养，也的确在卡拉瓦乔之上。对他而言，卡拉瓦乔所创造的炫目的巴洛克风格不过是卖弄技艺、哗众取宠的把戏。

然而，普桑的偏颇之处，正是因为他直接站立在巨人肩膀上出发，而无法想象一个出于市井底层的好斗之徒，将其情欲翻腾的体验以及堕入生死瞬间的感受，形之于画布之上，竟也能产生撼动艺坛、激发创新的能量，进而启发现代艺术。

卡拉瓦乔无须凭借鬼魅幻影般离奇的人生经历，仅凭其作品的强烈感染力与崭新的绘画观念和技巧，便让人乐意接近艺术。他以自然主义的写实手法，将不完美但有生命力的人物形态植入画中，让大众能以人性关怀的同理心融入宗教善诱的观点；让一般人通过故事性的铺陈，更容易亲近艺术。他所擅长的明暗对比，凝结故事的高潮，能塑造极具张力的剧场演出效果，对年轻后辈画家形成一股极大的魅力。而这种特色，正迎合当时的时代潮流。

十七、十八世纪时期，新教反对偶像崇拜而去除教堂内的装饰，而天主教则反过来通过大举兴建教堂的同时，利用活泼、具渲染力的绘画雕刻，传达圣辉教义，吸引近悦远来的信徒。这样的模式也为各国

---

① 房龙（Hendrik Willem van Loon，1882—1944），擅长以诙谐、引人入胜的典故写出一部部生动活泼的历史著作。其中，《人类的故事》（*The Story of Mankind*, 1922）、《〈圣经〉的故事》（*The Story of Bible*, 1924）、《人类的艺术》（*The Arts*，后改名为 *The Arts of Mankind*，1937）等书，均极为畅销。

皇室贵族沿用，以彰显尊荣君威。后人称这段后文艺复兴时期的艺术风格为巴洛克（Baroque）[①]，而卡拉瓦乔正是缔造这艺术时代分水岭的巴洛克大师。他的画风影响了鲁本斯、委拉斯开兹（Diego Velázquez，1599—1660）、伦勃朗（Rembrandt Harmenszoon van Rijn，1606—1669）、维米尔（Johannes Vermeer，1632—1675）等大师，薪火相传，在意大利以外的比利时、西班牙、荷兰等地推动风起云涌的巴洛克运动。

卡拉瓦乔作画不打底稿，主题的论述偏重感官和世俗，对于以普桑为首，日后引领法国艺术的新古典主义来说，缺乏正统艺术的扎实根基，绘画的阐释显得暧昧轻佻。新古典主义鼓吹回到文艺复兴的形式，甚至追求古希腊罗马的永恒美学，强调严谨构图，以圣洁肃穆的形式为尊。

然而，卡拉瓦乔荒诞不经、行事诡谲的一生，为他的创作提供了莫大的养分；他作品强烈的个人印记和对抗当道的叛逆，俨然是现代绘画艺术精神的滥觞。这鲜明的个人主义，在十九世纪破茧而出，影响了德拉克鲁瓦（Eugène Delacroix，1798—1863）、库尔贝（Gustave Courbet，1819—1877）和马奈（Édouard Manet，1832—1883），进而催化了印象派绘画的诞生。因此，卡拉瓦乔可说是文艺复兴之后，开创现代绘画（Modern Painting）风格的第一人。

---

① “巴洛克”一词源自葡萄牙文 barroco，意为不规则的珍珠，原寓有贬义，就因为和文艺复兴的古典主义相较，其艺术风格显得浮夸不含蓄，重视感官效果。但随着巴洛克运动创造出辉煌的艺术成果，“巴洛克”一词成为中性，甚至带有艺术百花齐放的正面意义，这与重新肯定卡拉瓦乔作品的艺术价值有着相伴共生的关系。

| 第二章 |

物换星移

从意大利、荷兰到法兰西

Art Movements from Italy, Dutch Republic to France

荷兰绘画的黄金时代

卡拉瓦乔过世八年后（1618），欧洲发生了长达三十年的战争，俄罗斯以外的地区都卷入其中。起因是来自神圣罗马帝国境内的波西米亚地区天主教徒和新教徒之间的争端。后来这场争端，演变成欧洲政治势力的角逐和民族国家争取独立的长期战役。

1629年，敌对的两大势力——法兰西和神圣罗马帝国的日耳曼士兵，缠斗打进米兰和威尼斯之间的曼托瓦（Mantua），沿途留下残破不堪的景象。此时，鼠疫（俗称“黑死病”）在意大利大规模地传染开来，两年之内，夺去北意地区，包括米兰、威尼斯、波隆那等城市近三分之一、数十万人的性命，之后又蔓延到佛罗伦萨。二十多年后，鼠疫又在罗马、那不勒斯、热那亚等地卷土重来，将意大利半岛上的政治、商业和艺术活动摧残殆尽。

这场史称“三十年战争”（1618—1648）的战线散乱而漫长，各国之间的竞逐算计暧昧而复杂，许多流窜在外的兵团缺乏稳定的后援与军饷，时而变节投靠，时而合纵求生。为维持战力，所到之处，如蝗虫过境般，掠夺粮食、牲畜和财物。过境之后，仅留下饥荒、贫困和瘟疫。距当时100多年前，瘟疫摧毁了威尼斯画派，值此之际，它卷土重来，重挫了近一个世纪以来意大利的巴洛克艺术。

“三十年战争”前期，以天主教护卫者自居的神圣罗马帝国，以及因联姻而同盟的西班牙王国，大致掌握了战争的主导权，甚至借势扩张领土。除了原先所统治的日耳曼及东欧地区外，包括意大利半岛、荷兰等地都在统治范围内。法兰西王国则完全陷入包围之中。

此时，法兰西出现了一位前所未见的强势红衣主教兼首相黎塞留（Richelieu，1585—1642）。对内，他协助国王路易十三，节制皇亲国戚及外藩诸侯的势力，集中统治权力于王室，形成一个令出即行、强而有力的专制政权；对外，他资助神圣罗马帝国的反动势力，企图牵制敌方。甚至，他虽身为天主教国家的枢机主教，却不惜为法国的利益与新教国家结盟，联合出兵以削弱强邻的潜在威胁。最后，虽然法王路易十三和黎塞留无缘在生前看见“三十年战争”的结束，但由于他们的谋略，对手屡屡落败，神圣罗马帝国及同盟的西班牙王国逐渐踉跄不起。

战争过后，信仰新教的荷兰，脱离西班牙的长期统治，成立了由资产阶级当政的荷兰共和国。他们凭借优异的国际企业经营模式，取代西班牙成为海上强权。其中，荷兰东印度公司[①]便是由政府特许成立的垄断性事业，不仅拥有殖民地的开发权，更被赋予司法、外交等特权，巅峰时期曾拥有四千多艘船只，独霸欧亚贸易数十年，堪称史上第一个全球化的企业。

通过世界贸易和殖民地开发积累可观的财富后，荷兰富裕的资产阶级兴起，对艺术品，特别是绘画的需求升高。因此，直到十七世纪末的半个多世纪，艺术品市场蓬勃发展，人才辈出，荷兰绘画的黄金时代于焉兴起。这个时代，重商主义的务实需求超越了教廷皇室的传道教化需求与古典品味，它使对日常生活的描绘，由微不足道的陪衬地位，跃居为主流的艺术题材。荷兰的巴洛克艺术，让绘画从皇宫和教堂走入中产阶级。

商人成功致富之后，自然会想到如何留名。因此，彰显个人成就或团体荣耀的肖像画主题蔚然成风。伦勃朗的《呢商同业公会理事》就是其中代表。伦勃朗摆脱传统排座或排站的呆板模式，巧妙运用背景凹墙的空间，拉出人物排列的层次与景深，搭配厚重而有质感的桌毯，将画

① 荷兰东印度公司：Vereenigde Oost-Indische Compagnie，简称 VOC。

中的人物姿态，一低一高、错落有序地罗列在观者之前。在色调的运用上，他采用卡拉瓦乔的明暗对比法，让人物的脸庞搭配洁白高尚的宽领，像是参差排列的烛灯，在充满厚重感的暗室中，散发淬炼的自信，展现风采各异的神韵。

渐渐地，悬挂画作的地方从办公场所、客厅，延伸到书房、卧室；主题则从成就的炫耀，延伸到辉映北国优雅静谧、饱含低地色墨的风景画。雷斯达尔（Jacob Isaacksz oon van Ruisdael，1628/1629—1682）的《埃克河边的磨坊》，是荷兰风景画的典型。

风景画的类型由来已久，但它成为荷兰绘画极受欢迎的主题与海外商业的兴起有关。当时，仅荷兰东印度公司拥有的欧亚商船就超过其他欧洲国家的总和，大批的官员和商人经年被派驻海外[①]。因此，家乡绵延不断的运河、点缀其间的船只、天地间反复吸吐的烟云彩氲、恬适的农牧风情等，是异乡人永远的乡愁。荷兰画派的风景，不再是《圣经》或历史故事的陪衬，而是以大地为主题，反映人的心灵需求和久历风霜的停泊港口。

荷兰艺术的世俗化流向，除了受到重商主义的影响，宗教改革也为其提供了滋长环境。荷兰从天主教的西班牙王国独立出来，成为一个新教国家，新教不承认教宗为基督在世间的代理人，主张上帝能通过《圣经》的话语和人沟通，个人得借由理性的思辨来认识神，从信仰、崇敬和读经祷告的过程得到启示，直接感受上帝的回应。于是，教会的崇拜仪式简化，赞誉教堂的炫耀式绘画、雕刻和装饰不复存在，艺术创作的委托从宫廷教堂转入商家民间。之后，绘画的主题也产生转变，包罗世间百态和日常生活细节，常人触目所及的生活场景均能入画，这种类型通称为风俗画（Genre Painting）。约翰·维米尔《倒牛奶的女仆》便是其中一例。只是，他的绘画技巧将这种典型风格提高到一个前所未有的境界。

时年仅二十六岁的维米尔运用极精细的画功，事无巨细地描绘一位

① 根据 Dr M.W. van Boven 的资料，荷兰东印度公司存续的 1602 年至 1798 年间，雇用约一百万欧洲人到亚洲工作，而在十七世纪中期，荷兰本土的登记人口还没有超过二百万人。[M.W. van Boven（2002）. *Towards A New Age of Partnership: An Ambitious World Heritage Project.* UNESCO Memory of the World.]

呢商同业公会理事

荷：*De Staalmeesters* / 英：*Syndics of the Drapers' Guild*

伦勃朗（Rembrandt Harmenszoon van Rijn）油画

1662，191.5 cm×279 cm

阿姆斯特丹/国立博物馆（Rijksmuseum，Amsterdam）

埃克河边的磨坊

荷：*De molen bij Wijk bij Duurstede* / 英：*The Windmill at Wijk bij Duurstede*

雷斯达尔（Jacob Isaackszoon van Ruisdael）油画

1668—1670，83 cm×101 cm

阿姆斯特丹/国立博物馆（Rijksmuseum，Amsterdam）

倒牛奶的女仆

荷：*Het Melkmeisje* / 英：*The Milkmaid*

维米尔（Johannes Vermeer）油画

1660，45.5 cm×41 cm

阿姆斯特丹/国立博物馆（Rijksmuseum，Amsterdam）

身材壮实的女仆，在透着阳光的陋室里，沉稳熟练地将牛奶倒入汤瓮中。在这幅极为写实的作品里，维米尔对光影的运用，不同于善（光）与恶（影）的对比隐喻（如卡拉瓦乔的《纸牌老千》），也异于偾张激情的戏剧效果（如卡拉瓦乔的《被蜥蜴咬的男孩》《圣马太蒙召》）。这光，穿过半透明的窗格，让物体产生反射的光彩。维米尔处理光的反射方式是借由厚涂（Impasto）[①]的技巧，使光投射在墙上的铜壶、桌上的暗矿蓝保温壶身、女仆手持的牛奶瓶的瓶口、汤瓮的边缘、面包篮边，以及酥脆的撕块面包上，展现其深刻而立体的存在感，并像宝石一样熠熠生辉。而从窗户破口射入的那一道亮光，映照在历经岁月雕刻、顶着暗沉坚毅脸庞的女仆的额头上，恰恰与背后留有裂纹钉孔的墙——清楚可见曾经挂画、重钉、复取下的时光荏苒——形成完美的呼应。

维米尔要表达的是，这女仆以她的身体劳动和青春年华，换得生命所需的美好食物；她的隽永，正如围裙颜色“群青”（ultramarine）的象征——圣母的光辉。有论者以为，维米尔《倒牛奶的女仆》的永恒地位等同达·芬奇的《蒙娜丽莎》，呈现女性的坚毅刚强，让平凡女性散发不凡的庄严气息，亦使观者的感受如沐日月光辉。

十七世纪中期，荷兰画家之多，如过江之鲫，但知名度多局限于当地。他们竞相开发绘画主题，有的专画航海、殖民地风情；有的专攻牲畜、市场百态；也有偏好描绘带有性暗示的姿态（如《挤奶女工》）、荒淫逸乐的家庭聚会、酒店、声色场所等。有时，他们会拿世俗警语来包装这种看起来猥亵的题材，以“合法掩护非法”的方式，刺激销路。

以扬·斯滕（Jan Steen，1626—1679）《得恋爱病的少女》为例，画中裸露乳沟的少女，若有所思地以手托着额头，撑在踏着脚炉的左膝上，接受江湖医生的把脉。一幅看似寻常不过的画，却处处潜藏性暗示，画的左上角门框边，有一尊丘比特雕像，他的箭朝向少女，影射她的相思之病。脚炉里装着烧过的炭，透过木盒缝口，让热气传导到足部乃至裙底的下半身，脚炉因而有引人遐想的空间。此外，少女右脚边还在炙热烧烤的炭，代表熊熊的欲望；指向少女的炭炉手柄、朝向医生的鼓风器，

① 厚涂是指用笔或画刀上了厚重的颜料，涂在画布上留下清楚的笔触和立体凸起的肌理，产生画如实物的质感。

得恋爱病的少女

荷：*Polsvoelende dokter* / 英：*The Lovesick Maiden*

扬·斯滕（Jan Steen）油画

1660，86.4 cm×99.1 cm

纽约/大都会博物馆（Metropolitan Museum of Art，New York）

甚至敞开的拱门、外面丛林深处的尖塔，都是典型的性器象征。以当时的荷兰民俗绘画来说，类似的应用极为普遍。

说来凑巧，维米尔的《倒牛奶的女仆》，右下方也有个脚炉，它左边的瓷砖图案，正是拉弓的丘比特，应也是隐喻她心有所属。

然而，这种揽尽生活百科的写实手法，让绘画沦为民俗故事的插图或环宇搜奇的图像，就像传统电影绘画海报的格调，当它是民俗艺术，是恰如其分。但以精致艺术而言，民俗画的形式容易因为缺乏更高层次的价值和创新形式而变得匠气，终会走入死胡同，而难以为继。这是造成荷兰绘画黄金时代盛极而衰的内部因素。而外部因素，则是来自法国的威胁。

从幕后走到台前，领导“新教同盟”打败神圣罗马帝国的法兰西王国，在赢得“三十年战争”后，获取哈布斯堡王朝起源地的阿尔萨斯（Alsace）和邻近的洛林（Lorraine）地区，一举成为欧洲最强大的帝国。

路易十三的继任者路易十四，对于荷兰的崛起和双方海外贸易殖民地的争夺冲突，日渐感到困扰。尤其因为荷兰是由一群资产阶级商人统治的“共和国”，这种初具民主形式的政体，对于皇室世袭的统治者来说，犹如芒刺在背。

1672 年，荷兰境内爆发了保皇势力与共和党人的冲突，法王路易十四借机入侵。经过六年的战事，荷兰的国力受到严重的损伤，艺术品市场在连年的内斗和战争后，交易重挫，以绘画为业的人数量锐减。而意大利的绘画传统，则在强盛的法国流传下来。

法国人以希腊罗马文化的正统继承者自居，将艺术实力列为国力不可或缺的一环。法王倾注国家预算，把艺术的发展国家化和体制化，因而法国逐渐取代意大利，成为欧洲的艺术中心。

打造理想美的世界——法国学院美术

法国新古典主义之父普桑

普桑虽然和卡拉瓦乔未曾谋面，个性也南辕北辙，但他们有个共同的朋友——詹巴蒂斯塔·马里诺。马里诺是卡拉瓦乔的密友，普桑的忘年之交。

詹巴蒂斯塔·马里诺是意大利文学史上名气极高的诗人，其个性放荡不羁、生活杂沓的程度——包括傲人的艺术才华、复杂的两性关系、接连的街头械斗和频遭逮捕入狱等——与卡拉瓦乔不相上下。他与卡拉瓦乔曾在罗马同室而居，彼此以诗歌绘画互娱。

卡拉瓦乔去世十多年后，年约三十的普桑和很多有志于艺术领域发展的欧洲青年一样，无不盼望此生赴意大利一游，尤其是永恒之都罗马。但他阮囊羞涩，迟迟难以成行，直到在里昂（Lyon）遇见受邀担任宫廷诗人的马里诺后，才有了转机。年届五十五岁的诗人，欣赏普桑过人的绘画才华，慷慨赞助其罗马之行所需的旅费。马里诺应从未想过，他的义行竟间接影响欧洲艺术的发展长达两百多年。

若说卡拉瓦乔是开启巴洛克绘画的先驱，那么普桑便是站在其对立面的法国新古典主义之父。

普桑初抵意大利，经常流连忘返于令人震慑的历史古迹，对于此地的历史、文学、哲学和艺术都有浓厚的兴趣，对于一脉传承的文艺复兴典范，更是孜孜不倦地积极钻研。绘画初期，他的画风受文艺复兴时期威尼斯画派大师提香的影响颇深。《弥达斯王与酒神》是他这个时期的代表作。

《弥达斯王与酒神》取材自希腊神话[①]。某一天，酒神的老师西勒诺斯（Silenus）喝醉了到处乱跑，农民见状把他抓起来，送到弥达斯王那里。弥达斯王因为参加过酒神节的狂欢会，认得这老头子，将他归还给酒神。为了感谢弥达斯，酒神允他许愿，弥达斯回答希望获赐点金术，凡是他手碰触的东西都能变成黄金。酒神答应之后，弥达斯兴高采烈，迫不及待立即测试，果然“遍地成金”。然而，这个神奇的术法，不但让送进口中的食物变成金块，连碰到的女儿也顿时成了黄金人像，这可吓坏了弥达斯。他急急忙忙回到酒神处，跪求解除这惹祸上身的诅咒，否则他将饿死。酒神指示他去帕克托勒斯河[②]，弥达斯一跳下河，河里的砂石全部变成黄金，而他则摆脱源自贪婪的祸害。

从《弥达斯王与酒神》来看，普桑驾驭色彩的能力已不在提香之下，但或许出于拘谨执着的性格，作品的整体构图仍显得不够自由洒脱，即使画中看似有放浪形骸的人体，实则为展现天主教所定义的七宗罪中的五种罪人典型[③]——骄傲、贪婪、色欲、贪食和懒惰，而酒神和弥达斯的塑造则是理想的希腊俊美人体。普桑的画与卡拉瓦乔取材自然写实的风格不同，他嫌弃那种过于接近庶民粗犷气质的东西，坚持人神两界该有的分野，他的人体是依据典型、价值而来，连地形景致都散发宁静厚实的古典意大利风情。由此可见，普桑作画秉持“画以载道”的精神；这“道”，包含宗教、文化、哲学和艺术表现的形式。以《弥达斯王与酒神》来说，在沉稳的布局下，普桑将古典理想美——人体、风景、神话与宗教寓意——的价值与形态，错落有序地呈现在世人面前。

① 酒神故事参阅著:《希腊罗马神话故事》，宋碧云（译），志文出版 1998 年版，第 340—341 页。（Edith Hamilton，1942，*Mythology: Timeless Tales of Gods and Heroes.*）

② 帕克托勒斯河（Pactolus），位于土耳其境内，近爱琴海。

③ 其他两种是愤怒和嫉妒。

弥达斯王与酒神

法：*Midas devant Bacchus* / 英：*Midas Before Bacchus*

普桑（Nicolas Poussin）油画

1628—1629，98 cm×130 cm

慕尼黑/皮纳克提美术馆（Alte Pinakothek，Munich）

在罗马，普桑的画作受到一群知识贵族的喜爱，往来友人中有许多研究文学、哲学和雕刻的文艺界人士。他不追逐时下流行的巴洛克风格，甚至厌恶这种在他眼里看起来猥亵、感官化和过度炫耀的形式，因而曾脱口而出卡拉瓦乔是破坏绘画之徒的不屑评论。之后，普桑的画逐渐走向与巴洛克风格截然不同的道路，他从文艺复兴的基础出发，进一步走向讲究严谨的理性架构，深植哲学思维的知性逻辑，进而追求形而上的诗意之美。他在意大利待了十年以后的作品——《强掳萨宾女人》，具体展现其日渐成形的新古典主义。

《强掳萨宾女人》是一幅追述罗马建城初期的历史画。传说中，自幼遭受遗弃，被狼抚养长大的双胞胎之一的罗穆路斯（Romulus）[①]，在经历一连串的复仇、战役和家族斗争后，创立了罗马元老院的议会政体，并大举兴建以他为名的罗马城。

当时，除了原有的部队人马，罗马城也吸引许多外地逃来的奴隶、囚犯和闻风前来的游民来到这里打拼。问题是，这些来自四面八方的异乡人多是男性，他们没有足够的女性配偶来成立家庭，繁衍子孙，这对于城邦的稳定兴衰形成很大的隐忧。相对的，附近的萨宾族人却担心罗马因此强盛壮大，造成威胁，而不愿通婚。

罗穆路斯想了一个方法：他借口举办庆典，邀请邻近族人参加。当他在礼宾台上摆出褪下又套上红色披风的动作时，就是罗马人攻其不备、拔剑抢夺萨宾女人的暗号。在这场争夺大戏中，做好充分准备的罗马人成功掳获七百多名萨宾女人，并让手无寸铁的萨宾男人仓皇离去。

在《强掳萨宾女人》一画中，罗马男子体格是接近米开朗琪罗式的——巍峨挺立的身材，宽厚结实的肩胛，富有弹性而展现解剖透析的肌肉；他们即便使出浑身解数激烈抢夺，身形仍维持如塑像般的定格稳重。反观萨宾女人，她们虽遭抢夺而脸露惊恐，但在青色衣袍的舞动之下，裹着具有母性特质的身躯；她们的姿态，恰与画布中心点头戴钢盔士兵所遥指的清朗蓝天巧妙辉映。这暗示前往罗马的萨宾女人，将带给

① 另一位是弟弟雷穆斯（Remus）。由于在罗马建城之前，兄弟对选择城址意见不同，产生嫌隙，在一次突发事件中，哥哥杀了雷慕斯，成为罗马唯一的统治者。

强掳萨宾女人

法：*L’enlèvement des Sabines* / 英：*The Abduction of the Sabine Women*

普桑（Nicolas Poussin）油画

1634—1635，154.6 cm×209.9 cm

纽约/大都会博物馆（Metropolitan Museum of Art，New York）

这个城邦美好的未来，是孕育永恒之都的母亲。

画面的战斗场景看似纷乱，实则经过精心的准备与布局。普桑在构思这类大格局的作品时，会先用蜡捏出人物的体态和交互对应的安排。比如：罗穆路斯手握权杖的方向，与右下方持短剑裸男的身躯呈平行对应；他力拔山河的姿态是积极呼应掳掠行动的具体象征。罗穆路斯下方左右两侧被掳起腾空的妇女，像跳现代舞般跃起，手势一致朝右方举起，是对萨宾家乡生离死别的讴歌。蔚蓝天空下、山丘上固若金汤的城堡，象征未来的强盛可期。这是普桑对于罗马人抢夺行动正当化的理性思考，因而将其绘成一幅罗马奠基的史诗场面。

普桑个性内敛孤僻，不为迎合公众的品位而作。他渐渐自疏于主流的教堂绘画，也不接受王公贵族为了装饰豪宅的邀约。即便他不得不应黎塞留的邀请（实则是命令），担任路易十三的首席画师，回到凡尔赛宫和卢浮宫作画，然而，他终究无法适应宫廷的浮华和争斗，只待了两年，就匆匆找了借口，回到罗马。

普桑在绘画中注入深刻的历史寓意和人生哲学的做法，随着画艺成熟而更加坚定。这种集返古、知性、低调和深奥的绘画风格，持续受到特定人士的欣赏和支持，于是他能按自己的想法，持续创作不辍。除了历史画，他还开拓了一种遥不可及的风景画。

《山水间的俄耳甫斯和欧里狄克》就是这种典型，我们可以分几个层次来剖析普桑的想法。

首先，从画中的希腊神话人物说起。俄耳甫斯（Orpheus）的父亲[①]是色雷斯人[②]的国王，母亲是司管史诗的缪斯女神。色雷斯人原本就有极佳的音乐天赋，母亲又善吟诗唱歌，俄耳甫斯的音乐才华自是不凡。有一天，阿波罗为追求一位缪斯女神，放下了手中的金竖琴，将其交给了俄耳甫斯。从此，俄耳甫斯成了凡人界最才华洋溢的音乐家。他曾随族人的船远征，只要他演奏起竖琴，众人的疲惫困顿便得以疏解，能再精神奕奕齐力划船，渡过重重险境。

---

① 另有一说，俄耳甫斯的父亲是太阳神兼音乐之神的阿波罗（Apollo）。

② 色雷斯（Thrace）位于今天的保加利亚南部、土耳其北部和希腊东北部之间的地带。

山水间的俄耳甫斯和欧里狄克

法：*Paysage avec Orphée et Eurydice*

英：*Landscape with Orpheus and Eurydice*

普桑（Nicolas Poussin）油画

1650—1653，124 cm×200 cm

巴黎/卢浮宫（Musée du Louvre，Paris）

欧里狄克（Eurydice）因受俄耳甫斯音乐的感动而爱上他。在河边结婚当天，充满喜悦之情的欧里狄克走向弹奏竖琴的新婚夫婿时，突遭草丛蹿出的毒蛇咬伤，随即死去。俄耳甫斯悲痛难抑，只有通过歌咏，表达思妻之情。他的乐音唤起宇宙的灵性，草木皆悲，万物同泣，有人因而引导他去冥间寻找爱妻。地狱之路虽然惊悚崎岖，但途中的鬼魅恶兽听见优美神奇的音符，也都驯服安静地让道。当俄耳甫斯到达地底，深受感动的冥王破例答应他的请求，让欧里狄克跟着他回到人间。唯一的条件是，在抵达阳界之前，他不能回头看她。好不容易穿过层层关卡，从阴黑的地洞看见光时，他忍不住回头看妻子是否跟上。结果，欧里狄克应了咒语，霎时堕入黑暗深渊，地狱之门随即关上。

悔恨莫及的俄耳甫斯万念俱灰，遂自我放逐。

有一天，俄耳甫斯碰到一群女酒神的勾引骚扰，但他因妻子离世，发誓不再与女人相爱，只接受同性的友谊。这些女酒神求爱不成，愤而朝他扔掷石头、树枝。没想到这些没有生命的东西被掷出后，竟被俄耳甫斯演奏音乐的声波振得失重落下。这些女酒神更生气了，亲手将他杀害撕裂，丢入湍急的河流。据说，当人们发现俄耳甫斯的头和琴顺着河漂流到地中海岸边时，仍奏唱着绝美的悲歌。

这是画中神话人物的故事背景。

再看，普桑画中的建筑物也有深意。经过来回比对分析，我发现了个别的典故。画面左边的圆形城堡是圣天使堡，是《罗马假日》电影中，奥黛丽·赫本参加理发师邀约的露天舞会场地，也是《天使与魔鬼》电影中“光明教会”的所在地。城堡右方矗立一座方形塔，是民兵塔（torre delle milizie），俗称“尼禄之塔”。这些地标，揭示河的对岸是罗马城。

城堡后方冒烟是怎么回事？传说，公元64年，声名狼藉的暴君尼禄（Nero，37—68），因不耐旧城区的狭窄脏乱，唆使人放火焚毁，以便重新兴建美丽宏观的宫殿与大道。这场“罗马大火”燃烧了六天，而尼禄则在民兵塔弹奏竖琴，遥望这场灾难。至今幸存的罗马大竞技场废墟，就是那场大火的世纪见证。由于这项暴行令人发指，引起极大的民怨，他便栽赃是基督徒放的火，命人将他们绑起来，任由狗来撕咬，再点火如烛炬般燃烧，照亮夜空。后来，当尼禄倒台，受到围攻，他欲举剑自杀，但心生胆怯，使不上力。旁边的亲信看不下去，飞身扑倒，这剑才插入尼禄的身体，让他免受屈辱折磨而死。之后，元老院下令进行“除忆诅咒”，清除一切有关他的功绩和图腾，否定他的存在。虽有后代史家怀疑尼禄是否真为“罗马大火”的唆使者，但由于这段历史记忆被消灭得相当全面而彻底，因此尼禄本人的功过变得难以盖棺论定。[①]

回到《山水间的俄耳甫斯和欧里狄克》。为什么尼禄之塔会出现在画布上？是因为尼禄本人擅长诗歌吟唱，还精于竖琴演奏的关系？但这联想过于牵强。还有，《山水间的俄耳甫斯和欧里狄克》把音乐、爱情、死亡、罗马大火等不同时空的故事摆在一起，在诉说什么面向的人生主题？是普桑对爱情的嗔痴及权力的渴望所发出的严肃警示？

这不禁让我想起电影《钢琴师》（*Shine*）中一首维瓦尔第（Antonio Vivaldi，1678—1741）的经文歌《世俗的平安总有苦恼》（*Nulla in mundo pax sincera*）。乐章一开始，小提琴以极高的音符，旋绕出一段意境美妙的前奏，接着女高音以从容不迫的嗓音划破天际，吟唱犹如新莺出谷；弦歌之声丝丝入扣，声声牵引张开的毛孔，仿佛能够感受俄耳甫斯乐音的穿透感染力；再细读这首曲子的歌词，会意外发现它可能惊人地揭示了这幅画的意韵：

世上没有真正免于苦恼的平安
在受苦痛楚的时刻，贞洁的爱，是灵魂的归依

世俗会以炫耀的魅力，欺骗我们的眼睛，腐蚀我们的伤痕
世界充满虚伪，我们要避开表面的笑容，远离精心铺陈的逸乐

群花盛开的美丽园地，口含毒液的蛇伺机而动

① 尼禄的斑斑劣迹包括：和母亲乱伦、毒死王储弟弟，之后因母亲干涉国政，又杀害了她。关于“罗马大火”发生的成因和灾后处理，众说纷纭。有近代史家找出事件发生当时，尼禄根本不在城中的论证，也发现灾难过后，尼禄接济灾民的证据。于是，平反尼禄罪名的研究和资料不断出现。

因爱迷乱的人，会亲吻如蜜的唇
真正的平安　在主耶稣　在你的心

普桑将远景的人物场景设计得很巧妙，让河上划船人对俄耳甫斯音乐有所呼应，然后层次有序地放进象征罗马大火时代故事的建筑，他将大火蔓延的烟雾与天上云彩相连，不刻意凸显残酷故事的描写，而做诗意的连接。在这幅画中，不变的是耸立其后孤傲的山，它极像法国普罗旺斯的圣维克多山（Montagne St. Victoire），屹立不倒地俯瞰尘世间的兴衰起蔽、悲欢离合。

普桑的严谨构图，创造了一种永恒的安定感：色调偏冷而阴暗，强调内敛而静谧的冥想氛围；画的自然空间带有永续的存在意味，或许就是为寓意深远的主题提供哲学性思考的空间吧。

这个终其余生都生活在意大利的法国画家，于1665年去世。之后的二十年之间，他的画作陆续因被法王路易十四收购而回到法兰西。他所坚持的风格，主导了法国未来两百年的艺术发展，后人称之为“新古典主义”。

独尊“新古典主义”　雅克-路易·大卫

以往，欧洲人学习艺术，大多寻找卓然有成的“大师”或“艺匠”，经由约定俗成的师徒制度，按照杂役助理、分工习艺、合力执行到经验传承的模式，来学习技艺。直到1648年，法兰西皇家绘画暨雕刻学院（Académie Royale de Peinture et de Sculpture）成立后，世代技艺的传承才逐渐系统化。学院制度的存在繁衍出厚实的逻辑理论，形成百川汇流的学术与研究。一个多世纪以后，绘画、雕刻、音乐与建筑学院合并，成为“法兰西艺术院”（Académie des Beaux-Arts），著名的华裔画家朱德群（1920—2014）和赵无极（1921—2013）都是法兰西艺术院的院士。从近代艺术史发展来看，法兰西王国的强盛，不但为艺术家提供了极大的收藏市场，法国艺术的学院化，更使得艺术创作得到体制化的发展，让它得以生根发芽，开枝散叶，成为欧洲艺术流向的重心。

学院成立之始，便有承袭卡拉瓦乔画风的“鲁本斯派”[①]（巴洛克）和“普桑派”（新古典主义）的路线争论。一般来说，“普桑派”多居于优势主导地位。

依我个人的判断，这个趋势的形成，一方面或许和普桑的法国血统有关；另一方面，看在法国人眼里，相对于时下流行的巴洛克，恢复古希腊罗马典范的“新古典主义”，更具政治正确性，此举能让法国人在欧洲文化史上，自居于承前启后的正统地位。而独尊“新古典主义”，成为法国艺术显学的人物，是雅克-路易·大卫。

出生于巴黎的雅克-路易·大卫（Jacques-Louis David，1748—1825），十六岁进入位于卢浮宫的绘画雕刻学院习画。成为学院会员，几乎是所有画家的梦想，有了这个名号的加持，他们的作品得以在官方沙龙展出，是价值提升和获得邀约的保证，更是崇高的荣誉。年轻的大卫可能还没想那么远，他唯一的目标是竞逐“罗马大奖”（Prix de Rome）。这个1663年设立的奖学金，旨在赞助资质优异的学生前往罗马深造，获奖的学生会在学院的分支机构——位于罗马的“梅迪奇别墅”（Villa Medici），接受意大利大师的指导，经费全数由皇室负担。

“罗马大奖”的评选考试，严苛而冗长。应试的学员，除了一定的资格条件和名师推荐外，还有一连串的筛选机制。决选阶段的参赛者，必须在指定画室作画七十二天，缴交决定性的作品。

大卫重考四次失败。其中一回，因为觉得评审不公而绝食抗议，由此可见其内心的煎熬与挫败感。二十七岁时，他终于荣获大奖，奔赴罗马。抵达后，他遍览宏伟古迹，还造访十八世纪中期因大规模挖掘才出土的庞贝古城。大卫仔细研究大量的壁画、雕刻和建筑，发现受古希腊文化影响的罗马时期遗迹，充满庄严素朴的质感和诉诸永恒的美学。这项深入的研究，让他发现期盼已久的理想美，因而确认自己对新古典艺术的追求。他在意大利一待就是五年（比别人多了一两年），回到巴黎以后，他顺利成为法兰西艺术院会员，积极参与学院事务，订定许多学科课程和美感的规范，直到今天，大卫所制定的课程标准仍然存在于世界各地

① 比利时画家鲁本斯，除了前面提到在意大利待了很长一段时间，也曾应法国皇后之邀，在巴黎作画。之后，他担任外交工作，出使西班牙、英国、荷兰等地，也影响了许多画家。

美术科班的学程之中。

大卫和近代法国史交错着千丝万缕的联系，原因在于他身处时代巨轮所辗过的最前线——包括光荣喧腾和不堪回首的历史时期：法国大革命（1789）、第一共和的恐怖统治（1793—1794）、拿破仑的法兰西第一帝国（1804—1814）以及最后波旁王朝的复辟（1814—1830）。

1789年的法国大革命，虽推翻了教会和贵族的特权统治，但在共识、秩序和资源分配尚未建立的混乱局势下，新的国民议会和共和政府之间不断发生残暴的内斗和无止境的报复。尤其在第一共和由立场较温和的吉伦特派（Girondins）当政后，政府无力控制物价上涨所引起的巨大民怨、动乱，反以军事力量镇压；在国外，欧洲各皇室唯恐法国革命的效应扩大，产生失去政权的恐惧，纷纷联合自保，组成“反法同盟”。在国内外情势变得剑拔弩张的时刻，法兰西议会极左派的雅各宾派（Jacobins）乘机在1793年6月推翻了吉伦特派，进行严厉的独裁专政，以便控制混乱的国内局势，并巩固军事力量，对抗敌国的潜在威胁。这段时期，史称“恐怖统治”（法：Terreur / 英：Reign of terror）。大卫在雅各宾派专政时期，主管国家博物馆行政，同时也有权投票将反革命者送上断头台。在他投票将路易十六处死之后，他的妻子因同情皇室贵族而和他离婚。

1793年7月13日晚上，身兼医生和化学家的同党友人马拉（Jean-Paul Marat，1743—1793），在浴缸里泡澡。他因为患了一种皮肤病，满布疱疹，瘙痒难耐，必须浸在药水里才能缓解不适。由于所需的时间很长，他在浴缸上缘放了一块木板，铺上一层橄榄色的布，以便处理文件。此时，一位支持吉伦特派的女性夏洛特·科黛（Charlotte Corday，1768—1793）登门拜访。她白天已经来过，但不得其门而入。她拿着一纸求见信函，说是来提供反革命分子名单。顺利进门之后，科黛拿出预藏的刀将马拉刺死。此讯一出，举国震惊。大卫遂作画《马拉之死》，以兹纪念。

在此画中，大卫捕捉好友甫被刺死的情景。马拉身上没有不雅的疱疹，脸部表情安详优雅，双手充满肌肉之美，他仿佛没有死去，只是殉道升天；与卡拉瓦乔《圣母之死》的写实手法相较，马拉死状更为神格化。

无神论者的大卫，将马拉塑造成为国捐躯的烈士，浴缸旁置放笔墨的木箱上，刻画马拉和大卫的名字，像是一座无言抗议的墓碑，隐含复

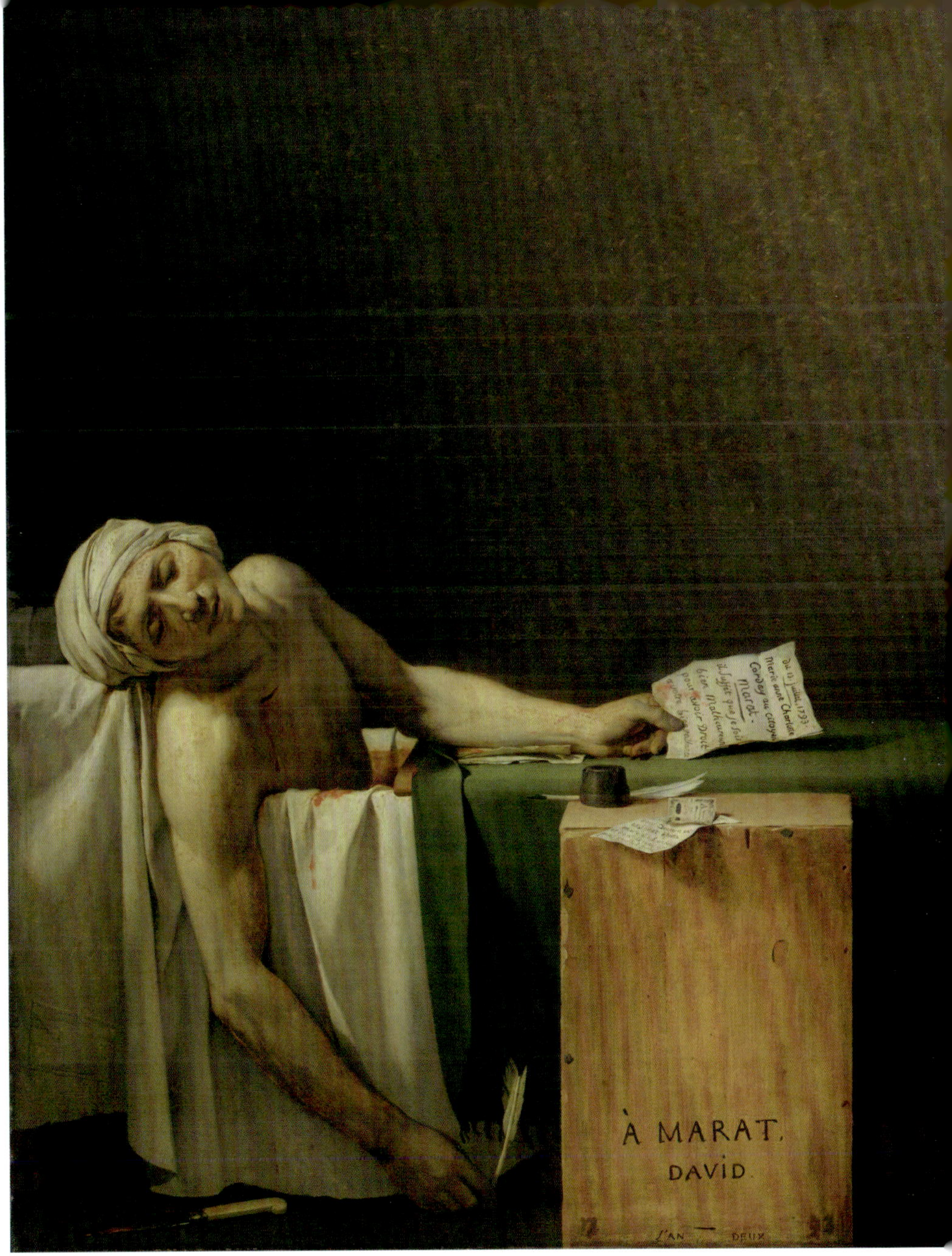

马拉之死

法：*La Mort de Marat* / 英：*The death of Marat*

雅克-路易·大卫（Jacques-Louis David）油画

1793，165 cm×128 cm

布鲁塞尔/比利时皇家美术馆（Musées Royaux des Beaux-Arts de Belgique，Bruxelles）

仇的决心。于是，《马拉之死》成为法国大革命的理想未逮，雅各宾党人必须继续进行“恐怖统治”的正当性图腾。

画作完成之后，许多教堂和公共场所的圣像纷纷以《马拉之死》的复制画取代，马拉几乎成为法国先烈的象征。

几十年后，更多史实与证据陆续浮现，有关刺杀马拉的全貌有了转变。二十五岁的夏洛特·科黛，来自诺曼底附近，是个位阶不高的没落贵族。她期待法国大革命带来改变，支持吉伦特派温和政策的主张，也到过议会旁听。马拉是敌对而激进的雅各宾派党领袖人物，他印行刊物，鼓吹激烈的革命手段。马拉宣称让数百个人上断头台，就能确保平静的生活。事实上，被送上断头台的超过万人，科黛对此极为不齿，认为马拉必须对大规模的冷血屠杀负最大责任。

于是，她响应吉伦特派的号召，自愿担任刺客。可能是出于效法先贤的想法，科黛随身带了一本《希腊罗马英豪列传》[①]。到了巴黎，她在旅馆写了一封给法国同胞的公开信作为遗书。离开旅馆之后，她到马拉住处，用从市场买来的水果刀刺杀马拉。马拉气绝后，科黛没有逃离现场，而是静静地等待拘捕。四天后，她被送上断头台，公开处死。

为了纪念这一段史实，保罗·博德里（Paul Baudry，1828—1886）——同样得过罗马大奖的法兰西艺术院会员——创作《夏洛特·科黛刺杀马拉》。原来在《马拉之死》作品上的“神圣光辉”，转移到坚定不悔的科黛身上。从此，科黛的形象成为现代女性主义的先驱之一。

回到1793年。虽然马拉遇刺事件更促成雅各宾派的团结，但其暴政却彻底失去人心。不到一年的时间，雅各宾派政权遭到推翻，大卫被逮捕入狱。他的前妻赶赴探望，让大卫感动不已，遂有创作《萨宾妇女的调停》的灵感。

《萨宾妇女的调停》接续约一百五十年前，普桑在《强掳萨宾女人》未说完的故事。

回到罗马建城初期，国王罗穆路斯掠夺萨宾女人之后，失去妻女的萨宾族裔男人深感羞耻，是以秣马厉兵，整军备战，一心要夺回失去的

---

① 《希腊罗马英豪列传》（拉丁文：*Vitae Parallelae* / 英：*Parallel Lives*）为希腊人普卢塔赫（Plutarch，46—125）的著作，是西方最早的传记之一。

夏洛特·科黛刺杀马拉

法：*L'Assassinat de Marat / Charlotte Corday* / 英：*Charlotte Corday*

博德里（Paul-Jacques-Aimé Baudry）油画

1860，203 cm×154 cm

南特/艺术博物馆（Musée d'Arts de Nantes，Nantes）

家人。几年以后，他们大军集结城下，罗马士兵只有出城应战。萨宾女人眼见一边是久未联络的父亲兄弟，一边是落地生根的丈夫子女，若两方交战，无论结果如何，都会造成终生无可弥补的伤害。

画中两军对峙后方的山丘及城堡，就是卡皮托利诺山丘（Monte Capitolino），罗马建都的所在地。

这时，已成为罗穆路斯妻子的埃西莉亚（Hersilia）[①]，带领萨宾女性同胞，冲入两军厮杀的对阵之中，有的登上石块，高举起怀中的婴儿；有的带着刚哺乳完的幼儿，任其在地上懵懵懂懂地玩耍，强烈讽刺战争的不智；手无寸铁的埃西莉亚，则以身止战，力阻双方自相残杀，以避免造成自己和下一代的伤痕。最终，两军动容和解，同意相互融合成一体，罗马从此成为更强大的国家。

在狱中作画的大卫，应是感叹法国大革命虽然揭示“自由、平等、博爱”的理想，虽将封建制度、教会阶级和世袭贵族的特权化成历史的灰烬，但他所属的雅各宾派，在执行“恐怖统治”（1793—1794）不到一年的时间里，包括皇室、贵族、政治上的异己，或任何被怀疑有牵连的人，被处死的何止成千上万，造成冤冤相报的恶性循环。大卫的《萨宾妇女的调停》正是对同胞自相残杀的深刻反省。

此外，《萨宾妇女的调停》有个值得关注的意义。在这幅作品中，大卫将女性角色提升到调解战事的层次，成为扭转局势的关键性人物，这在当时保守的社会，非常罕见。尤其是雅各宾派人最尊敬的哲学家卢梭[②]虽以生而自由的主张闻名于世，成为启蒙法国大革命的重要思想家，但他对于两性角色的认知相当传统，即便认为男女平等，但两性天赋有异，故应接受不同的教育，发挥各自的才华。他认为：女性天生柔弱，心思细致敏感；她们的责任，在于养育儿女，呵护家庭成员，让家人保有健全快乐的心灵。从事革命或从政之路，则由男性担任较为恰当。十八世纪的新古典主义的叙事性绘画，针对男女角色的定位，也多展现相同的思维。因此，《萨宾妇女的调停》也代表大卫对卢梭哲学的反思，

① 埃西莉亚是萨宾族人首领塔蒂乌斯（Titus Tatius）的女儿。

② 让-雅克·卢梭（Jean-Jacques Rousseau，1712—1778），法国哲学家，重要著作有《社会契约论》《忏悔录》《爱弥儿》等。

萨宾妇女的调停

法：*Les Sabines* / 英：*The intervention of the Sabine women*

雅克-路易·大卫（Jacques-Louis David）油画

1799，385 cm×522 cm

巴黎/卢浮宫（Musée du Louvre，Paris）

更是对妻子不计前嫌、慈悲为怀的胸襟献上的最高敬意。

大卫出狱后，前妻原谅了他，他们再度结为夫妻。

第一共和的混乱统治局面，在拿破仑（Napoléon Bonaparte，1769—1821）出现以后，获得转机。当他还担任共和国将军的时候，就注意到《萨宾妇女的调停》，非常欣赏大卫的才华；而大卫也深深崇敬这位震慑海内外，带领法兰西成为睥睨欧陆的军事强人。我们在历史书上看到拿破仑骑马跨越阿尔卑斯山的英姿（实则骑驴），以及他在巴黎圣母院登基的盛大加冕典礼画，多是大卫的创作。拿破仑成为法兰西第一帝国皇帝之后，大卫则成了法兰西近代动荡最烈的年代中，罕见的三朝画师。

拿破仑执政之后，连年浴血征战欧陆各国，虽然版图不断扩大，但无力有效统治，保有攻略的疆土。邻国在饱受威胁之际，也看到拿破仑

跨越阿尔卑斯山圣伯纳隘口的拿破仑

法：*Bonaparte franchissant le Grand Saint-Bernard*

英：*Napoleon Crossing the Alps*

雅克-路易·大卫（Jacques-Louis David）油画

1802，273 cm×234 cm

巴黎 / 凡尔赛宫（Château de Versailles，Paris）

的败象已露。以英、俄、奥、德为主的“反法同盟”，终于在1814年攻抵巴黎，迫使拿破仑退位，并将之流放到意大利西边的厄尔巴岛（Elba）。隔年，拿破仑伺机逃回巴黎篡位。约百日后，拿破仑再遭同盟军集结进攻，在滑铁卢一役惨败。这次，他被流放到几千公里之外的南半球，非洲与南美洲之间的圣赫勒拿岛（Saint Helena），直至病逝。

改朝换代以后，大卫虽再获复辟的路易十八特赦，并得以回朝，但他选择流亡比利时。1825年，大卫遭到马车撞伤去世，遗体留在布鲁塞尔，心脏则运回巴黎埋葬。

“学院美学”嫡系掌门人安格尔

大卫长年执艺坛泰斗的地位，旗下有来自欧洲各地的门生。尽管因为拿破仑政权颠覆，晚年自我放逐于比利时，但他的学生多回到学院系统任职，使得大卫的“新古典主义”美学理念持续影响不辍。其中，执掌正统大旗，捍卫“学院美学”精神的嫡系掌门人，是以肖像画著称的让-奥古思特-多米尼克·安格尔（Jean-Auguste-Dominique Ingres，1780—1867），他是大卫门下最知名的得意门生。

安格尔在“罗马大奖”成功抡元之后，来到意大利。他的感受就像普桑和大卫一样，这充满神话寓言、《圣经》故事、文学、艺术、音乐等的历史文明现场，令其深受震撼；安格尔的心愿是成为历史画的画家，他对于终能置身渴望已久的如幻实境感到狂喜。

“罗马大奖”评选作品的类别就是历史画，主题涵盖神话、宗教、历史事件及文学故事等。学院艺术对绘画类型的评价，源自普桑艺术的价值观：历史画的级别最高，其次依序为肖像、日常生活、风景、动物和静物画。这个顺序反映了题材本身对于精神、道德、智慧的诠释演绎比重。在学院艺术的框架下，即便是风景画，大多也是蕴涵人文意境的意大利山水。

然而，在安格尔赋居意大利共约三十年的岁月中，早期因经济困窘，绘画的类型以外交官、法国官员和游客委托的肖像画为主，以期攒钱为生。他精湛的画功，不仅惟妙惟肖地呈现对象的身形表情，更能借优异的线描技巧，唤出对象的气质神韵。由于安格尔的人物画像极受欢迎，让他喟叹无暇从事历史画的创作。然而，这却让安格尔留给世人许多无与伦比的肖像画。《贝尔坦先生肖像》就是一幅极具代表性的作品。

路易-弗朗索瓦·贝尔坦（Louis-François Bertin，1766—1841）是波旁王朝（1814—1830）和其后奥尔良王朝（1830—1848）时期的媒体经营者，儿子在安格尔门下习画。

自法国大革命之后，虽然历经共和、帝制和王室统治的政权交替，但从整个社会发展来看，封建制度已成历史的灰烬，一条汇聚民主、人权、法治和市场经济的主流路线，日益蓬勃茁壮。当时，贝尔坦拥有一个自由派的报社，撰稿的人士包括雨果等文人贤达，是法国民情舆论的指标，对政治、文化、文学等领域有极高的影响力。奥尔良王室（Maison d'Orléans）之所以能顺利执政，便是得力于自由派和资产阶级支持。贝尔坦正是集这两种身份于一身的新兴权贵。

当贝尔坦提出为他作画的请求时，尽管安格尔急欲摆脱“肖像画家”的成名枷锁，但因为他俩亦师亦友的交情，贝尔坦生动突出的性格神色以及他所代表的法国新阶级，安格尔还是接受了这个请托。然而，此画进行了数年，仍无法达到安格尔的期望，他还曾因此痛哭失声。

安格尔的肖像画固然是从写实着手，也就是将人物的神情外形巨细靡遗、栩栩如生地重现在画布上，但安格尔的企图不止于此，他欲借由对象性格和姿态的掌握，创造出一种新的典范。

在这幅肖像画中，贝尔坦的穿着是上流社会蔚为时尚的三件式西服①。此前，欧洲的正式服装是由假发（因遮盖秃头而衍生的时尚）、背心、长外套、长度及膝的束裤（breeches）和白长袜组合而成的宫廷服，就像在电影、书中或巧克力包装上看到的莫扎特礼服。然而，在1789年法国大革命之后，宫廷服因其浓厚的贵族气息而遭扬弃。十九世纪初，一位英国纨绔子弟布鲁梅尔（Beau Brummell），制定了全新的男士仪容和服饰标准②，其令人耳目一新的时尚气质，让欧洲中上阶层人士趋之若鹜，迅速流行开来。贝尔坦在画中的穿着，就是布鲁梅尔设计的男士西服风格。

---

① 三件式西服指的是合身外套、背心和长裤。

② 距今两个世纪前，布鲁梅尔就提倡每天要刮胡须、清洁牙齿、洗澡等高标准卫生仪容要求。

贝尔坦先生肖像

法：*Portrait de monsieur Bertin* / 英：*Portrait of monsieur Bertin*

安格尔（Jean-Auguste-Dominique Ingres）油画

1832，116.2 cm×94.9 cm

巴黎/卢浮宫（Musée du Louvre，Paris）

贝尔坦的形象带领我们进入气象一新的十九世纪。但是，他身上勉强扣上的背心，几乎包覆不住壮硕的身材；过长的衣袖和袖口敞开的衬衫，凸显肥短的双手；一头稍嫌稀疏，却难以驯服的白发等特征，显示在大革命之后，长年剧烈动荡的时代里，他挣得今天新资产阶级的地位，靠的不是世袭的财富与教养，而是过人的意志与不懈的奋斗。

从细部的肢体语言来观察，画里充满变形、不对称、反方向的拉锯。贝尔坦弓起来的右手比左手长，右手掌背也顺势面对观者，两手掌张开撑在腿上，曳引出前倾而具动态的身躯，传达永不停歇、随时指挥布局的姿态；从两腿之间，隐约露出的橘色坐垫，对比过大的身体，超出了椅背的范围，更彰显他精力旺盛的特质，好像他要从画框站了出来似的；他的左眼若有所思，但右眼却注视观者，代表他能一心多用，即便在思考，也随时观察周遭状况，以便立即应付；右嘴角下抿的曲线与外拱的右臂平行，象征坚毅独断的特质；左嘴角则微微上扬，露出较多的唇形，散发一种自得的信心。

深色系服装，引导我们聚焦人物脸庞，直接感受贝尔坦散发出来的性格气韵。同时，画家还在拱圆形椅背前缘，画上反光的窗格，增添一丝景深效果，凸显空间感。

安格尔不厌其烦地推敲设计细致的场景与姿态，以历史画的高度、层次与规格，创作出十九世纪最高典范的男性肖像画。

如果说，安格尔的男性肖像着眼于刻画性格、历练、风霜和为生存而奋斗的典型，那么，他对女性则是一心一意追求美的造型。事实上，安格尔多数的肖像画以女性为主。除了描绘极为精致华丽的名媛淑女外，他创作了一系列充满东方风情的裸女画作。

在拿破仑挺进欧洲以外的地区征战时，他将自己定位为古罗马帝国的君主继承人，视“收复帝国领土”为己任。在出征埃及和叙利亚的同时，他还邀集众多学者同行，沿途带回古物典籍，揭开上古时期的神秘面纱。因此，十九世纪初，极富异国情调的“埃及学”和源自西亚的“东方主义”成为文人雅士热衷的主题。

《大宫女》是由那不勒斯王后——拿破仑的妹妹——卡罗琳（Caroline Bonaparte）委托而作的。作品完成时，拿破仑已经流亡，暗助的那不勒斯国王遭到处死，卡罗琳也逃往异乡。安格尔因此没有收到分文报酬，只得自己保留这幅画。

按理说，依当时风俗，只有刻画维纳斯之类的神话人物，才可能出现女性的裸体画。但在“东方主义”的热潮下，非我族类的女性胴体，反而能披上“环宇搜奇”的外衣，避开道德审判，堂而皇之地浮上台面。

在奥斯曼土耳其，苏丹后宫的宫女多是妻妾的随侍，或专事歌舞表演的艺旦。如有出众的才艺或姿色，或有机会蒙苏丹恩宠，晋升为妾。

安格尔的土耳其宫女，拥有宛若丝质幕帘的柔细肌肤。她好整以暇地侧身坐卧在蓝绿交融的“土耳其蓝”床垫上，等待苏丹的临幸。她盘系于顶的头巾、发箍上的珍珠饰环、手执的孔雀扇、脚边的长烟斗和熏香炉等，都是法国人印象中东方伊斯兰世界的风味元素。安格尔没有到过土耳其，也就是说，这是一幅带有法国人浪漫想象的土耳其宫女画。

设身处地，时年三十四岁的安格尔，必然想在画坛树立一个鲜明的地位。一方面他深受普桑和大卫的影响，重视线条的优越性，也就是造型和轮廓重于色彩。举我们易于理解的汽车设计来说，汽车外形的线条语汇相当程度决定车子的定位和个性，诸如：前卫或典雅、时尚或经典、年轻或稳重、阴柔或阳刚、个人或家庭、欧洲或东洋等。另一方面，安格尔又想突破新古典主义独尊古希腊罗马完美裸体的审美观。土耳其宫女的崭新题材，正给他一个突破的机会。

乍看此画，会发现宫女的脊椎过长，下盘过大，明明应是侧于身下的左脚，却横跨在右腿之上，与现实的人体构造和自然姿态有相当的出入；当这幅画被送回巴黎的官方沙龙展出时，受到强烈的非议，认为这宫女身体完全不符合正常人体比例。

在当时，安格尔的意图恐怕只能意会，不能言传。我猜测，安格尔的想法是：通过刻意拉长的脊椎，塑造近乎夸张尺寸的骨盆，让她如孔雀开屏地展现迷人的姿势；在近无表情的面庞和眼神下，曲延而上的左脚，静静揭示宫女冷艳的气质。整个画面的冷色调系，让我们聚焦她的身形曲线，但节制了色情的渲染。

对于《大宫女》没有获得好评，安格尔可能耿耿于怀。六十岁时，

大宫女

法：*La Grande Odalisque* / 英：*Grande Odalisque*

安格尔（Jean-Auguste-Dominique Ingres）油画

1814，91 cm×162 cm

巴黎/卢浮宫（Musée du Louvre，Paris）

已成新古典主义掌门人的安格尔，重返“东方主义”土耳其宫女的题材，他画了两幅《土耳其宫女与女奴》，似乎是想平反他在这个题材的表现吧？！

这回，安格尔将宫女转化为不折不扣的东方版维纳斯。左侧女奴手中的梨形弦琴音箱比拟宫女的臀部，画面右下方的红色水烟管则呼应她诱人的体态曲线；下半身裹着若隐若现的透明纱裙，让她宛如上天恩赐的礼物；相较于肤色褐黑、肢体僵硬的奴仆，肤如凝脂、白皙丰腴的宫女似由幻化梦境苏醒，亦似从大理石刻成的维纳斯雕像，被赋予生命般活了过来。

安格尔摆明要勾起暗流涌动的情欲：宫女顾盼的方向和男仆相近，似在遥望苏丹的来临；同时，流泻的发丝、左侧的乳房和趋前的右膝都正对观者。避免此画流于低俗的防线，是无动于衷的奴仆、充斥几何图案的地毯、床褥和圆柱栅栏。

“浪漫主义”大师德拉克鲁瓦

十九世纪上半期，法国出现一股新兴势力，挑战“学院美学”的主流价值。这股新的运动，或许是在法国大革命之后，其时旧的封建贵族体系和宗教思想权威逐渐崩解，人民的智识渐开，价值观逐渐多元化；同时，随着工业革命的席卷，科技的演变日新月异，虽然物质生活看似提升，但旧时代的纯朴稳定不复，精神的空虚感有增无减。面临这千百年来的巨变，人的心灵寄托不再是神在世间的指定传人——教宗或君主，人们转而关注与自己一样不完美、有缺陷的凡人，他们开始对当道产生叛逆之心，反省存在的意义；顺着热情与理想的驱动，追寻独特的人生体验。十八世纪时，二十五岁的歌德[①]以自身成长经历写出《少年维特的烦恼》，书中叙述一位年轻人维特来到纯朴的村庄，爱恋已有婚约的女人，为了能继续见到她，他也和她的未婚夫交好，结为朋友。后来，因受不了无法结为连理的痛苦纠结，他离开家乡到远方工作，却又

① 约翰·沃尔夫冈·歌德（Johann Wolfgang von Goethe，1749—1832），德国文学家兼政治家。重要著作有《少年维特的烦恼》《浮士德》等。

土耳其宫女与女奴

法：*L'Odalisque à l'esclave* / 英：*Odalisque with a Slave*

安格尔（Jean-Auguste-Dominique Ingres）油画

1839—1840，71.1 cm×100.3 cm

剑桥/哈佛大学博物馆（Harvard Art Museums/Fogg Museum，Gambridge）

难忍职场的呆板枯寂。当他回头寻找旧爱，却发现女方已婚，并誓言不再愿意有暧昧的关系。维特无法接受仅有的幸福追求，竟坠入失落的深渊。最后，他穿上爱人曾经碰触过的衣服，举枪自杀。此书一出版，整个德国，甚至许多西欧地区的年轻人都为之疯狂。

十九世纪初，英俊潇洒的英国诗人拜伦[①]在文学上有极高的成就。他短暂而传奇的人生经历，包括复杂的双性恋关系、为家乡受压迫的劳工发声、壮游东南欧的经历、目睹大英帝国对殖民地的压迫，甚至还加入希腊对抗奥斯曼土耳其的独立战争等，都一一写入他的诗集。最后，拜伦病死在希腊战场上，不仅让希腊政府为这位英国友人举行国葬，他多彩多姿、桀骜不驯的一生，更成为欧洲年轻人崇拜的偶像。

在大环境剧变之下，不论是虚构的维特或是充满梦幻事迹的拜伦，都抚慰了与正统想法不同、与传统社会格格不入的年轻中产阶级。他们通过死亡对抗无法撼动的冷酷现实，积极与心中不可磨灭的理想对话；他们前仆后继地以文学和艺术的叛逆形式，表达对传统、体制和强权侵略的不满和对科学与文明进行反思，从帝国主义的加害者身份逐渐觉醒，开始重视自身感受的独特性。这个运动，就是浪漫主义（法：Romantisme / 英：Romanticism）。它自十八世纪末延续燃烧至二十世纪，成为年轻人向往追求的成长历程。

欧仁·德拉克鲁瓦（Eugène Delacroix，1798—1863）正是在这个时代里成长的画家。他曾随养父旅居英国，目睹工业革命带来的巨变，先后接触莎士比亚和拜伦作品，并以其文学题材来从事创作。尤其，当拜伦投入希腊的独立战争后，他便描绘战争所带来的悲壮残酷景象，引起世人对希腊的关注。

《萨达纳帕拉斯之死》，取材自拜伦的诗作，诗中描述有关亚述王国灭亡的故事。约在公元前七世纪，统治整个西亚和埃及地区的亚述帝国（Assyria）国王萨达纳培拉斯（法：Sardanapale / 英：Sardanapalus），过着豪奢放纵的生活。在某次战役失败后，敌军即将攻进首都尼尼微[②]。萨达纳

---

① 乔治·戈登·拜伦（George Gordon Byron，1788—1824），英国诗人，革命家。

② 尼尼微（法：Ninive / 英：Nineveh）位于今天伊拉克北部摩苏尔（法：Mossoul / 英：Mosul），据说是当时世界最大的城市。

帕拉斯将他的家人送往安全的地方后，留下来誓死锁城抗战。他眼见敌人将攻破城墙，命人捣毁底格里斯河的堤防，不料溢出的河水冲垮了城墙，他见大势已去，为了不让敌人占据他的财产，遂下令在宫廷外堆积高高的薪柴，准备引火自我了断，玉石俱焚。

这幅比照真人实物大小的巨幅油画《萨达纳帕拉斯之死》，画出王室顷毁灭亡前的瞬间。在充斥珍奇异兽的寝宫里，国王和宫妾们进行鱼水之欢后，不忍她们遭到焚身的折磨，下令禁卫出其不意地格杀，迅速结束她们的痛苦。此刻，萨达纳帕拉斯冷看毕生的收藏、呼之即来的女人、享不尽的荣华富贵、轻易取命的权力，即将在身后滚滚浓烟中灰飞烟灭。

身受学院训练的德拉克鲁瓦，描绘的人与物依然充满着线条之美，无论是卧躺的国王、执行刺杀的禁卫、裸体的宫妾和受到惊吓的马匹等，无不展现大师的功力。不过，这些线条不再调和汇流于稳定永恒的结构，而是辐射剧烈波动的力量。画布上鲜明大胆的色彩，加上卡拉瓦乔式的明暗对比，让三名裸女之死尸形成三角发光体，冲击观者的色欲想象。这场惊心动魄的死亡祭礼，是属于萨达纳帕拉斯的，他让自己成为可畏的祭祀对象，但最后也加入牺牲行列，一并结束他的世界。

自普桑之后的学院美术，一直都有来自巴洛克画派的挑战，但从未蔚为主流；经过了两个世纪，尽管浪漫主义的风潮在欧洲各地所向披靡，但在法国，以安格尔为首的新古典主义，挟着雄厚的文学、历史、哲学、宗教等层层积累的“贵族品位”美学，仍居主导地位，难以撼动。然而，德拉克鲁瓦浪漫主义的作品，诉诸情欲、压迫、灾难、死亡等直指个人感受的诉求，虽或招致批评，但他的画巧妙披上历史画的外衣，推进艺术的上层体系，因此无论在官方和民间，都不乏独具慧眼的收藏者和追随者。

1831 年底，德拉克鲁瓦进行了一趟北非之旅，背景是法国征服阿尔及利亚近两年后，法王路易・菲利普一世（Louis-Philippe I，1773—1850）派遣特使前往北非，与当地苏丹讨论殖民地统治事宜。这位特使邀请德拉克鲁瓦一同随行。就像陪同现代政要出访的摄影师一样，德拉克鲁瓦担任见证的随团画师。

对德拉克鲁瓦来说，这正是他需要的一场旅行。巴黎的工业和物质文明所产生的无止境贪婪，价值的货币化与门阀阶级间的斗争，处处让他感到挫折疲惫。在这趟近半年的旅程里，他发现北非这块未被现代文明“驯服”的土地上，有着欧洲已然丧失的纯朴、诚恳、粗犷和生命力。他认为，地中海南端的北非，保留了曾经同属于古希腊罗马的传统文明特色。他兴奋地沿路用画笔记录，完成了上百幅作品，包括素描、水彩和油画。他旅途的所见所闻也成为余生不断追述的创作源泉。

在这六个月的长途旅行中，他画过具有野性的骏马和狮虎、部落的狩猎与冲突、狂热的宗教聚会、威风凛凛的苏丹出巡等场景。不过，最叫人想一探究竟的是，掀开穆斯林女性的神秘面纱。然而因为当地严格的伊斯兰教义规定，他始终无法一窥其貌。就在德拉克鲁瓦准备离开北非，在阿尔及尔等候船期的最后几天，竟意外地得以造访一个穆斯林宅邸，进到只有家人可以出入的起居空间。

安格尔的宫女出于纯粹的想象，女体线条是理想化的希腊式风格；德拉克鲁瓦的《阿尔及尔女人》，则是由实地田野观察而来。他把握难得的机会，快速画了几幅素描和水彩，带回法国，再将素材整理吸收，绘成这幅作品。

虽然画里仍有水烟、地毯、布帘和黑人女仆等象征异国后宫的主题，甚至有三个女人共居一室，表面看来是典型的近东印象，但我认为德拉克鲁瓦返抵巴黎后，选择《阿尔及尔女人》作为第一幅北非之旅的油画，是别具深意的。德拉克鲁瓦不只身处学院体制，连这趟旅行都是公费支出，不太可能画出忤逆当道的作品。于是，他刻意以隐喻的手法，揭示他所亲身体验的北非，颠覆安格尔所代表的“东方主义”。

安格尔“东方主义”作品背后的思维，是从自认为的优势文明出发，戴着有色眼镜描摹心中未开发的次等文明景象。安格尔宫女主题所指涉的情色窥视及其神秘莫测、慵懒闲散的氛围，便是对东方后宫的刻板印象。他除了满足观者的异国想象，在官方场合更能彰显次等文明对两性关系的扭曲，进而强化殖民主义的正当性。

然而，亲身采访纪实的德拉克鲁瓦在旅途中写道：“他们在各方面都比我们接近自然，无论是服装还是鞋子的样式，每件物品都是如此美丽。我们呢？裹着束腹紧身衣、小鞋，还有荒谬扎人的衣服，真是可悲！

萨达纳帕拉斯之死

法：*La Mort de Sardanapale* / 英：*The Death of Sardanapalus*

德拉克鲁瓦（Eugène Delacroix）油画

1827，392 cm×496 cm

巴黎/卢浮宫（Musée du Louvre，Paris）

这是优雅对科学的复仇！”[1]他认为北非人的宽松穿着，源自古希腊罗马的传统服饰。事实上，不仅服装相近，北非人[2]的血统除了阿拉伯人以外，确实有相当一部分是古代腓尼基人、古希腊罗马和土耳其人混血而成的民族。

德拉克鲁瓦来到这处宅邸，穿过幽暗的长廊，进入森严的女性空间，映入眼帘的是阳光投射下卸除头罩面纱的女人。他发现她们的居家衣裳不仅仅是舒适优雅，色彩更是斑斓缤纷。为了融入返古和惊艳的视觉感受，他以暗色调为主轴，传递“抚今追昔”的怀旧旋律，而靓丽的衣服则在光影效果和对比色彩的运用下，跃然纸上。以这种技巧，启发印象派的画家运用短笔触、高对比色的技巧，以色彩记录情绪，抓住当下感受的氛围。

虽然画里的人家过着一夫多妻制的生活，但这并非她们人生面向的全部。同居一室的女人眼神并不空虚茫然，没有一味地等待恩宠。画面中间的两女亲密交谈，左边的盘腿而坐，穿着透明衣纱，恬适而专注地看着身旁散发聪慧世故气息的女人。这位身着白衣的女性，呈单脚跪坐的姿态，展现坚毅干练的气质；投射在她身上的光，愈显她的冷静沉着。画面最左侧的雍容华贵的女人，看来颇有正室的威仪；她的脸上，有一抹暗影，让我们不得不留意她深邃的眼神，似乎透露心有所思，但她的神情冷傲，摆出不愿受到打扰、拒观者于外的态度。

透过《阿尔及尔女人》，德拉克鲁瓦反转西方对东方女人的刻板印象，她们不再是男性幻想的轻佻胴体，她们甚至比新古典主义下的欧洲女人还有个性，有尊严，有自信。德拉克鲁瓦以这幅阿尔及尔女人居家自在的场景，作为帝国主义对殖民地一贯偏见的嘲讽！

《萨达纳帕拉斯之死》和《阿尔及尔女人》这两幅不凡的浪漫主义作品，在卢浮宫比邻悬挂，象征新旧时代交替的黎明之钟，交互摆荡，叮当作响。钟声过后，法国的绘画艺术将发生颠覆性的剧变风潮。

---

① Laurel Ma（2012）. The Real And Imaginary Harem：Assessing Delacroix’s Women of Algiers As An Imperialist Apparatus（p.12）. *Scholarly Commons,* University of Pennsylvania.

② 北非主要的原住民族为柏柏尔人（法：Berbères / 英：Berber people）。

阿尔及尔女人

法：*Femmes d'Alger dans leur appartement* / 英：*The Women of Algiers*

德拉克鲁瓦（Eugène Delacroix）油画

1834，180 cm×229 cm

巴黎/卢浮宫（Musée du Louvre，Paris）

| 第三章 |

揭开现代画的序幕

马奈

Édouard Manet
23 January 1832—30 April 1883

现代的启蒙

法兰西艺术院（Académie des Beaux-arts）每两年在巴黎举行的美展[1]，是法国画坛和雕刻界的大事。在法国大革命之后，官方开始接纳外籍艺术家参展，使得这个俗称为“巴黎沙龙”（Le Salon de peinture et de sculpture）的展览，成为整个西方世界最受人瞩目的艺术盛会。

1861年，二十九岁的爱德华·马奈（Édouard Manet，1832—1883）获知作品入选美展，大喜过望，他终于能向父亲证明自己的选择正确。获得官方沙龙的甄选，代表作品价值受到肯定；入选作品越多，就越容易博得收藏者的青睐，艺术家的地位与报酬自然跟着水涨船高。“巴黎沙龙”几乎是所有有志于从事绘画雕刻的艺术工作者必须攀越的龙门。

马奈出生于文风鼎盛的巴黎左岸。父亲期望他继承衣钵，成为法官，维系家族的社会地位；然而马奈从小喜欢涂鸦，对绘画充满热情，立志成为画家，但不获父亲的支持。父子僵持不下之际，十六岁的马奈愤而报名参加海军远洋任务，随军舰前往里约热内卢，暂时脱离无奈的纠结。半年之后，他勉强返国参加法学资格考试，不幸落榜。这回，父亲终于同意他走向绘画之路。

1850年，他到托马斯·库蒂尔（Thomas Couture，1815—1879）画室习

① 自1863年起，美展改为每年举办。

画。库蒂尔自法国美术学院（École des beaux-arts de Paris）毕业，凭着惊人的毅力，连续考了六次才获得“罗马大奖”，比曾绝食抗议评审不公的雅-路易·大卫还多了一次。库蒂尔的画风偏向浪漫主义，多次在官方沙龙获选，甚获好评，吸引许多年轻人慕名追随。尽管库蒂尔的画风活泼，但授课主题崇尚历史、神话，入画的大地景物和城市建筑多属意大利风格，即便是肖像模特儿的姿态也沿袭希腊罗马时代的美学规范。对于笃信共和思想、视抛弃旧包袱思维为理所当然的马奈来说，他无法理解在巨变的时代下，现代人怎能不画当代事物呢？

年届二十之后，依循欧洲贵族青年的成年礼传统，马奈和弟弟欧仁（Eugène Manet）一起展开壮游。他们去了阿姆斯特丹、德勒斯登、慕尼黑、维也纳、布拉格，当然也一定会造访威尼斯、佛罗伦萨和罗马等充满文化艺术瑰宝的城市。马奈兄弟遍览各地美术馆、博物馆，饥渴地向经典作品取经。

马奈在库蒂尔旗下待满六年之后，自立门户创作，有时到卢浮宫临摹，有时向同时代非主流画家讨教。他切磋学习的对象，主要是德拉克鲁瓦、库尔贝等站在新古典主义的对立面，力图求新求变的艺术标杆人物。

1859年，马奈首次以《喝苦艾酒的人》向巴黎沙龙叩关。

受过库蒂尔的长期训练，马奈对于巴黎沙龙的评审取向了然于心。然而，他递交的画作内容指向落魄酗酒的流浪汉，摆明是一个反传统、缺乏庄严意义的边缘人题材。作品完成时，他拿给库蒂尔过目，却被斥之低俗。经过几番挣扎，马奈仍坚持送交这幅作品参选。

马奈的反骨，在于目睹政治理念、哲学思想和文学发展都已受时代蜕变的影响，逐渐展现新的风貌，但学院美学却仍固守旧有的价值体系，不动如山。他并非想搞革命对抗这个体制，毕竟这庞大而根深蒂固的体系几乎强势主宰了艺术市场的机制；马奈想做的是体制内的挑战，他想创作取材于现代事物的绘画，展现新时代的精神。马奈对于“现代”的认识，有相当程度受到波德莱尔的影响。

波德莱尔（Charles Baudelaire，1821—1867）是一位充满波希米亚特质的文学家。他和马奈的背景相近，两人都系出名门，都有过反抗父亲期望的成长经验。波德莱尔的生父早逝，继父是驻外宫廷的外交官，他期盼儿子能学习法律，将来从事外交工作，但波德莱尔只对文学有兴趣。

波德莱尔资质聪颖，学生时代就出类拔萃，但生性不受拘束，是老师眼中的浪荡子；他经常出入风月场所，饮酒嗑药，毫无节制。二十一岁时，继父安排他登船赴印度加尔各答，希望让他远离繁华之地，一改恶习。但当船航行到印度洋，暂停在距离非洲东南方两千公里的毛里求斯时，波德莱尔在当地跳船，住了下来。十四个月后，他折返巴黎。

回国之后，依据遗嘱，到了有权动用生父遗产的年纪，他便开始豪迈挥霍，恣意享乐，一跃成为高级社交圈的贵公子。但他的生活方式，绝非如土豪或暴发户般的粗俗。他所欣赏的典型是英国纨绔子弟布鲁梅尔（Beau Brummel），此人不只制订新的西服样式和现代服装仪容的标准，也提倡重视个人清洁，注重言语修辞和社交礼仪，因而被公认为时髦男子（dandy）的先驱，让许多贵族和中产阶级趋之若鹜，竞相效尤。英国诗人拜伦也是这波风潮的时尚代表。

当这股风潮传入法国，生性爱美而且毕生都追求美的波德莱尔，很快就站在浪头上，为时髦男子的定义注入新的元素。波德莱尔把法国人心中对于波希米亚人[①]的浪漫想法，具体化为一种信仰：崇尚随性云游，四处为家；不自我局限于家庭和工作的束缚，让感性和热情引导，释放个人潜在特质；借由对现代事物千差万别的辨识能力，追求并体验美的魅力；在既无神又无永生、短暂而有限的生命历程里，活出真实的存在。

波德莱尔认为：美包含在万事万物之中，不限于文学、艺术、音乐的淬炼与追求，也在伴侣、情爱和性的关系之中，甚至存在于“堕落”的体验过程。家里对于波德莱尔如此不受控制的浪荡行为实在看不下去，虽要保持距离，却又不能不顾其死活；为了不让他散尽遗产，家人于是帮他成立信托，让他按时领固定的钱“糊口”。家是待不住了，他遂以旅馆为寄身之处。为了支付生活费，他得为几家报社写稿，但并未放弃自己的兴趣，他一方面精译美国作家爱伦·坡（Edgar Allen Poe，1809—1849）的作品，一方面累积个人的诗作。他所出版的诗集《恶之花》[②]，因部分内容被认定猥亵不堪，遭到停刊处分，外加一笔不小的罚款，因此他得抽掉部分内容，重新印行。当时，这本诗集在特定的圈子拥有极高的评价。

然而，波德莱尔更为众所周知的是艺术评论家的身份。他坦诚、细致而尖锐的评论，涵盖文学、绘画和音乐，他虽因此得罪了不少朋友，

---

① 也就是罗姆人，一般俗称吉卜赛人。

② 《恶之花》（*Les Fleurs du mal*）于1857年出版。

但其见解精辟，广受尊重。在巴黎沙龙双年展正式对外开展的前一天，官方会邀请评论家预览，波德莱尔经常在受邀贵宾之列。十九世纪四十年代，德拉克鲁瓦是他最常撰文推荐的画家。

到了十九世纪五十年代末，他已负债累累，身体羸弱。年轻的马奈在朋友处遇见波德莱尔，深深为他奇幻慑人的散文和诗折服，更景仰他在艺评界的影响力。因此，相对于波德莱尔的前卫视野，库蒂尔对《喝苦艾酒的人》的斥责，可能被马奈当成过时的观点。我认为，《喝苦艾酒的人》是得自波德莱尔诗作的灵感，并很可能是受到他的鼓励而创作出来的。我在此节录《恶之花》中《醉酒的拾荒者》的一段文，作为例证。

在一盏路灯的红光下，
夜风鞭笞着苗火，令玻璃灯罩动荡翻腾。
在旧郊的心脏地带，泥泞的迷宫里，
人潮稠密拥挤，酝酿一场骚乱的风暴。

一个拾荒者踉跄而至，
摇头晃脑，像诗人般撞上了墙堵，
他对那些尾随的密探如仆役，丝毫不予理会，
肆无忌惮地吐露心中的宏图。

他立下誓言，口授崇高的律法，
要打倒恶徒，要济弱扶贫。
他的头顶着如华盖般高悬的苍穹，
陶醉在那自诩的美德的光晕里。
……
纵观无聊的人类历史，
酒是金沙滚滚、耀眼的派克多河[①]；
它借助人的咽喉来赞咏自己的功勋，
如真正的王者，凭靠自己天赐的才干支配着世人。

---

① 派克多河（法：Pactole/ 英：Pactolus，又译维帕克托勒斯河）位于土耳其西北部。据传在公元前七世纪的利底亚帝国，派克多河富产砂金，据此铸造了世界最早的钱币。在希腊神话中，酒神指示迈达斯王洗除点金术的地方，就是这条河流。

这些默默不幸死去的老人啊！为了消除其怨怼，
为了淹没苦难心酸，为了抚慰麻木的生命，
内疚念悔的上帝创造如此的沉醉；
人类于是开始酿酒，酿造这神圣的太阳之子①！

十九世纪巴黎的拾荒人，是一种因应现代城市物质文明兴起所产生的新行业。他们多穿着劣质粗呢的西装外套、长裤，戴着圆顶毛毡帽，依规定在夜晚拖曳着两轮台车工作。波德莱尔认为：拾荒人在遍览繁华落尽的城市后，买瓶草绿色的苦艾酒，不仅慰藉一身的秽气，也意在反刍日积月累的个人城市哲学；他不屑无感的庸俗之人，但对底层贫困之人则寄予同情。事实上，波德莱尔与笔下的拾荒者一样，经常一副酗酒流浪汉的姿态，在古老曲折的街头巷弄踉跄观察，踱步神游。《喝苦艾酒的人》富有现代都会气味，散发着浪漫情怀，顶着大礼帽，围着披巾，一派优雅格调，波希米亚式的酗酒边缘人极可能就是波德莱尔的化身！

这幅画到了巴黎沙龙的评审桌上，据知仅得到德拉克鲁瓦的青睐，但不符合多数评审的品位。《喝苦艾酒的人》因而被拒之门外。

我可以想象，巴黎沙龙这类大量参选作品的筛选机制，有点像大学美术系的联合术科考试。评审收到数千件尺寸大小不一的作品后，在有限的时间内，花在每件作品的初核时间不过几秒。在评审眼里，要从“参差不齐”的作品中进行挑选和分类，首先是看基础的画功是否具备，技巧是否成熟。过于注重创意而不符合学院艺术美学规范的，很可能就被归类为不成熟的作品而刷掉。

《喝苦艾酒的人》的笔触应被认为不够纤细平滑，主题又上不了台面，以当时的标准，它的败北并不令人意外。

经历这次落榜，马奈可能想用保守而不引起非议的主题，迎合学院细致工整的笔法要求，卷土重来。1861 年，他的两幅作品如愿入选，分别是以父母为本的《奥古斯特·马奈夫妇肖像》以及《西班牙歌手》。

① （法）波德莱尔：《恶之花》，郭宏安译，新雨出版社 2012 年版，第 295—296 页《酒醉的拾荒者》。（Charles Baudelaire，1857，*Les Flerus du mal.*）

喝苦艾酒的人

法：*Le Buveur d'absinthe* / 英：*The Absinthe Drinker*

马奈（Édouard Manet）油画

1859，180.5 cm×105.6 cm

哥本哈根/新嘉士伯艺术博物馆（Ny Carlsberg Glyptotek，København）

奥古斯特·马奈夫妇肖像

法: *Monsieur et Madame Auguste Manet* / 英: *Portrait of Mr.& Mrs. Auguste Manet*

马奈（Édouard Manet）油画

1860，112 cm×91 cm

巴黎/奥赛美术馆（Musée d'Orsay，Paris）

西班牙歌手

法：*Le Chanteur espagnol* / 英：*The Spanish Singer*

马奈（Édouard Manet）油画

1860，147.3 cm×114.3 cm

纽约/大都会博物馆（Metropolitan Museum of Art，New York）

马奈的维纳斯

《草地上的午餐》——舆论上的风风火火

在马奈入围巴黎沙龙，受到艺评肯定之后，身边开始有一群仰慕的年轻画家跟随学习，这让马奈信心大增，重拾开创性的题材。1862年，马奈的父亲过世后，他不只继承了丰厚的遗产，让他能心无旁骛地投入创作，同时也卸下父亲价值观的包袱，拥有更宽阔、更自由的创作空间。1863年，马奈再度向巴黎沙龙叩关，作品较先前大胆许多，但又不幸落榜。然而，媒体发现这届评审淘汰的作品数量高达三千多件，引起轩然大波。尤其是支持年轻画家最有力的德拉克鲁瓦[①]，甚至是古典大师安格尔，都没有出现在评审团名单上，更激起了本届评审缺乏公信力的不满声浪，甚至惊动了皇帝路易·拿破仑（Louis-Napoléon Bonaparte，1808—1873）出面干预。

路易·拿破仑是法兰西第一帝国皇帝拿破仑的侄子，于1848年担任第二共和国总统。四年后，他通过全国性公投，将共和体制改回帝制，顺利让自己成为法兰西第二帝国的皇帝。一开始，他采用集权专制的统

① 沙龙决选争议的时间是在四月，德拉克鲁瓦于稍后的八月十三日死于胸疾。

治，但自1860年起，也许觉得权力已经巩固，加上顺应时势的考量，他逐渐实施较为开明的政策。

就在沙龙开展前一个星期，路易·拿破仑抵达会场巡视，看看那些遭到退件的作品。随后，官方通过媒体宣布，所有落选者可以在原来举办世界博览会的会场向社会大众展示作品，以求公平，名之为“落选者沙龙”（Le Salon des Refusés）。但不是所有的落选的人都有勇气通过这种方式挣回颜面，毕竟这需要对自己作品有足够的信心，否则届时经过大众检视，或可能得到引人讪笑的耻辱。还有，挺身展出的画家也暴露出对学院评审的不平之鸣，他们必须仔细斟酌后果，以免未来画家之路崎岖难行。其中，毕沙罗、惠斯勒、马奈等人勇敢地选择参展。

马奈递交三幅作品，其中尺寸最大的为《草地上的午餐》。如果说《喝苦艾酒的人》是画家站在现代诗人的肩膀上所射出去的箭，《草地上的午餐》就是他爬上欧洲过去三四百年所累积的绘画峻岭之巅，推下的一块巨石。

这幅原名为《浴者》（*Le Bain*）的画，显然是从提香的《田园合奏》[①]得来的灵感。

马奈曾和朋友提过想重画这幅卢浮宫的名作，呈现一种清澈的画面和具现代感的氛围。在十六世纪初的威尼斯，旖旎的乡野风光，搭配着悠然的牧歌和裸体女神，是相当受到欢迎的绘画主题。当时画家处理裸女的方式，是将女神意象的裸体线条，和飘浮的云彩、起伏的地形、溪流、树林、花朵等自然景物完美地结合。这让我想起，在中学时代流行着印有心灵小语的书签卡片上，呈现曙光、夕阳、森林、芦苇、露水、瀑布、海洋和倩影低语的浪漫照片，以期在令人透不过气的考试和青涩挣扎的夹缝中，打开沉闷情绪的微弱天窗，得到霎时的舒缓与救赎。

我相信，《草地上的午餐》的色彩元素和人物神情，也参考了另一位威尼斯画家乔尔乔内（Giorgione，1477/1478—1510）的《暴风雨》。其实，直到二十世纪，大多数的艺术史学家还认为《田园合奏》也是乔尔乔内的作品。由于这两幅画年代相近、题材相仿，都没有留下名号，再加上

① 请参阅第一章《记录青春容颜》一节。

暴风雨

意：*La Tempesta* / 英：*The Tempest*

乔尔乔内（Giorgione）油画

1505—1508，82 cm×73 cm

威尼斯/学院美术馆（Gallerie dell'Accademia，Venezia）

他和提香亦师亦友的关系，因而容易让人产生混淆。

有一回，我在威尼斯大运河南岸漫无目的地流连徘徊，不意置身整修之中的斑驳昏暗的学院美术馆。反正我无所事事，只是沉浸于波光荡漾的午后，便信步跟着一群观光客参观馆内作品。不久，我的目光移至一位貌似艺术研究生的解说员。她金发微鬈，面容白皙，方框眼镜凸显翘曲的睫毛和碧绿的眼珠。我一面移动脚步，一面随着她玫瑰红唇吐出的浓厚意大利腔但富文艺气息的英语导览，宛若陶醉在巴洛克音乐的时空里。当我想更近距离听清楚她如吟唱般的解说时，《暴风雨》出现在我的面前，瞬间将我吸进画里的世界。

在《暴风雨》中，远方闷雷作响，一道闪电穿过层层相叠的灰蓝云幕，显示无情的滂沱大雨将至；闪电之下，建筑物加盖的斜顶上，伫立着一只白色的鸟，与之遥遥相对。在近处左侧，一位持杖的男士侧头看着仅仅是围上披肩的裸女，兀自给怀中的婴儿授乳。她双腿张开的程度，几乎要露出私处，意味着她不可能是圣母！难道画里的人物是亚当和夏娃？而她，凝视着我（观者），是因为这些图像符咒，让我掉进了画里？远方天空的神秘诡谲，对比近在咫尺如天堂乐园般的静谧，象征着什么天启？无怪乎五百多年来，此画成为历代诗人、画家和艺术史家不断取材的创作源泉，或先后陷入主题寓意的争辩。

当我回过神来，展示间只剩下我一人，我接连穿梭邻近几个展示室，再也找不到那位解说员。

再回到马奈的《草地上的午餐》。画里前景三人的坐姿，几乎完全挪用文艺复兴大师拉斐尔（Raphael，全名 Raffaello Sanzio da Urbino，1483—1520）设计的版画《帕里斯的评判》[①] 中，画面右下方三人席地而坐的构图。

拉斐尔向来是法国学院艺术最尊崇的大师，所有接受官方艺术教育体系的学生和工作者，必会学习和临摹他的作品。在这类涵盖大场景的作品里，拉斐尔常在自己的画作中埋伏一个印记：他会在一个不起眼的角落，无足轻重的角色上，安插自己的肖像。他的表情常是一副抽离现

① 《帕里斯的评判》由拉斐尔设计，然后委托马尔坎托尼奥（Marcantonio Raimondi，1480—1534）制成金属刻版，以便拓印复制。马尔坎托尼奥是当代极知名的版画师。

帕里斯的评判

意：*Giudizio di Paride* / 英：*The Judgement of Paris*

拉斐尔（Raffaello Santi） 素描/马尔坎托尼奥（Marcantonio Raimondi）镌刻版画

1510—1520，29.1 cm×43.7 cm

纽约/大都会博物馆（The Metropolitan Museum of Art，New York）

草地上的午餐

法：*Le déjeuner sur l'herbe* / 英：*The Luncheon on the Grass*

马奈（Édouard Manet）油画

1863，208 cm×264.5 cm

巴黎/奥赛美术馆（Musée d'Orsay，Paris）

场、事不关己的模样；双眼则是投射画框以外的观者，邀请我们入画。在《帕里斯的评判》中，拉斐尔可能就藏身于右下方三人组中，右手托膝，回首看着观者的年轻人。在《草地上的午餐》中，这邀约人物变成了向观者抛出对话的裸体女人。

回到1863年的“落选者沙龙”。拿破仑三世（也就是路易·拿破仑）回应舆论的批判，为落选作品辟室开展。结果，开展第一天就涌入七千多人参观，但鲜有正面的回响。其中，《草地上的午餐》的确引起了注意。马奈采用历史画规格的尺寸，取材文艺复兴时期大师们的名画元素，包括题材风格、表现手法和人物姿态等，让它们在这一幅画上轮回转世。

《草地上的午餐》几乎招致一面倒的负评，大抵是不伦不类、有碍风俗之类的道德批判。画中的人物、服装和场景，都设定在马奈所处的时代。两位西装革履的男士席地而坐，右边戴贝雷帽的那位，滔滔不绝地发表议论，但他的男性友人似乎分了神看往别处；后面的女人，弯着腰屈膝洗涤；前面一丝不挂的女伴，可能因为戏水弄湿了全身，索性把衣服脱了。晾在草地上的衣服上还有一篮倾倒的水果。引起非议的是，画中的裸女可不是寄身远古、衣不蔽体的女神，也不是神话故事的精灵，而是活生生的现代女性！这种被当道认定为亵渎艺术、哗众取宠的画作，怎能登上“巴黎沙龙”的艺术殿堂？

再者，就画功而言，马奈的人物缺乏古典风格的量体感，尊贵的气质不足，描绘上色的笔触又不够精细，感觉这幅画似乎没有完成；后方池塘中的女性，没有依透视法距离的远近缩小人体比例，呈现合理的景深，以致她像是飘在三人上方似的。当代评论者以为，马奈明明有足够的能力去处理这些“基本的问题”，但可能因为过于刻意营造惊世骇俗的主题，导致顾此失彼，破绽百出。

支持马奈最有力的作家左拉（Émile Zola，1840—1902）撰文声援，认为把写实的裸体人物画在自然风景里，是所有画家不敢为的梦想；又说马奈并非刻意取巧，挑起情欲，这幅画本身是极佳的风景画云云。

关于后者，我倒认为是新生代作家出于对马奈的仰慕所表达的溢美之词。马奈把回头凝视的拉斐尔换成了大腿沾上泥渍的裸女，说不是刻意的安排，是稍嫌牵强的。不过，这幅画站在前线挑战古典美学价值观，以及它所揭示的现代性，是毋庸置疑的。

很多议者认为马奈是个信念游移不定的人，因为他太在意学院或官方的荣誉，不断向巴黎沙龙叩门，太在乎世俗定义的成功。设身处地地想，他出身于优渥的中产阶级，身边往来无白丁，多是文学家、艺术家、新闻界等饱读诗书之士，对古今艺术知之甚深，他们往来的圈子，必和学院体系有密不可分的关系。如同二十世纪初，中国文学要从文言文走向白话文的转折点，新一代文人望着坚若磐石的古典诗词，还看不清楚脉络的现代诗时，必会经历混沌踌躇、忐忑不安的挣扎。即便过了近一世纪的今天，翻开大学中文系的修习科目，会发现八九成仍是古典史籍的训练，如声韵学、训诂学、经学（诗经、礼记、周易、左传等）、史学（史记、汉书等）、学术思想（墨子、老庄等）和古典文学（唐诗宋词、楚辞、《红楼梦》等）。由此可知文学艺术先行者在突破传统经典时所面临的孤独与挑战。波德莱尔在《1845 年沙龙》一文中写道："意志力必须很好地培养，并且要始终有良好的收益，即使是一流的作品，也会打上独特风格的烙印。读者欣赏的是这种力量，他们的眼睛会吸吮力量的汗水。"① 他觉得："马奈伟大的才华，能够经得起时间的考验。但是他的个性软弱了些，（面对批评）常不堪一击的模样！"②

我想，马奈必然知悉挚友的批判，并以此自我警惕。以至于不论他如何在意其他艺评家的看法，面对攻击总是伤痕累累地寻求慰藉疗伤，但他绘画创作的方向，仍依自己的本心坚持，选择了一条别于传统典范的道路。《奥林匹亚》就是一个最好的例证。

《奥林匹亚》——裸女的风暴

在 1863 年的那场巴黎沙龙，已担任十余年学院会员的卡巴内尔（Alexandre Cabanel，1823—1889）是评审之一，他淘汰包括马奈在内的许多作品。二十二岁就获得罗马大奖、桃李满天下的卡巴内尔，以历史画

① （德）瓦尔特·本雅明：《发达资本主义时代的抒情诗人：论波德莱尔》，张旭东、魏文生译，脸谱出版 2002 年版，第 142 页。（Walter Benjamin，1938，*Charles Baudelaire, Ein Lyriker im Zeitalter des Hochkapitalismus.*）

② Lois Boe Hyslop（1980）. *Baudelaire, Man of His Time*（p55）. Yale University Press.

和肖像画闻名。据说，他特别擅长描绘女性（尤其是美国人）高贵的气质，因此许多暴富的美国人趋之若鹜，重金邀请他去作画，但他不愿忍受长途旅行而婉拒，他们只好自行远渡重洋来到巴黎，请画家为他们画肖像。同一年，卡巴内尔也有作品展出，他的作品《维纳斯的诞生》在巴黎沙龙登场后大受欢迎，并由拿破仑三世收购。

就个人的观点来看，卡巴内尔的维纳斯固然刻画出一个姿态撩人的完美女体，并小心翼翼避开淫秽低俗的联想，譬如：上方群舞的天使增添圣洁纯真的意象，乳头和脚趾的方向不和观者正面对接，以避免大剌剌撩拨敏感的联想等。然而，她无邪却似摄魂的眼神，却隐约挑逗你的感官，诱使你停驻在她的胴体。这类精雕细琢，谑而不虐的裸女画，符合当时上流社会衣冠楚楚、矫揉造作的品位，但总的来说，这个维纳斯没有超越前辈大师的格局，如安格尔的土耳其宫女；就开创性而言，也无法和文艺复兴时期威尼斯大师乔尔乔内、提香等相提并论。

相较于自己的作品在“落选者沙龙”受到嘲讽抨击，马奈必然也注意到了这幅在巴黎沙龙高调凯旋的作品。他当然可以选择回归依附学院的品位，好好精研安格尔的作品精神，就像卡巴内尔一样；或者，他也可以更坚定地与之对抗，旗帜鲜明地塑造个人风格。他选择了后者。不知有意无意，他向 1865 年巴黎沙龙递交的画，几乎是对卡巴内尔的迎面反击。《奥林匹亚》俨然是《草地上的午餐》的续集。就创作概念、绘画技巧和美学价值而言，都更清晰成熟，成为沛然莫之能御的能量，是从山巅推下来的第二块巨石。

《奥林匹亚》的取材和《草地上的午餐》如出一辙，他再度向威尼斯大师提香借法。《乌尔比诺的维纳斯》是提香受乌尔比诺[①]公爵委托而产生的作品。原来这幅画可能是用来装饰妻子嫁妆柜上盖内侧的私房画，寓意年轻配偶所应保有的美德与体态。在《乌尔比诺的维纳斯》一画中，墨绿色帘幕后方的女仆和嫁妆柜象征母性。女仆跪地埋首于掀开的嫁妆柜，应该是急着找女主人的衣服，想赶快帮她穿上吧；床尾的小狗代表忠诚；至于风姿绰约、一丝不挂的美体，是丈夫对于闺房娇妻的

---

① 乌尔比诺（Urbino），位于意大利的中部，托斯卡尼的东边。

维纳斯的诞生

法：*La Naissance de Vénus* / 英：*The Birth of Venus*

卡巴内尔（Alexandre Cabanel）油画

1863，130 cm×225 cm

巴黎/奥赛美术馆（Musée d’Orsay，Paris）

乌尔比诺的维纳斯

意：*Venere di Urbino* / 英：*Venus of Urbino*

提香（Tiziano Vecellio）油画

1538，119.2 cm×165.5 cm

佛罗伦萨/乌菲齐美术馆（Galleria degli Uffizi，Firenze）

情色期盼。整幅画，毫不遮掩裸体的诱惑，让她恣意地直视着观者，让你我无从回避。唯一虚矫之处是画的名称：只要冠上“维纳斯”之名，无论是委托人、画家、模特儿，都可以避免不必要的尴尬，后人也能将其堂而皇之悬挂于美术厅堂之上。

值得一提的是，提香画中裸体模特儿的姿态，参考了乔尔乔内的《沉睡的维纳斯》。乔尔乔内仅仅在世三十年，这是他生前未能完成的作品之一。根据考证，画中独特的女体姿态、枢机红[①]靠枕和银色丝质被单，是他的亲笔画；至于身后绵延起伏的地形、屋舍、云彩和天空，则由提香代为完成。整幅作品呈现恬适脱俗的诗意。

马奈开始画《草地上的午餐》时，便告诉那位裸体模特儿，他的下一幅作品也是裸像画，画里面会有一位女仆。[②]他这么说，是因为决定邀请她继续担任《奥林匹亚》的模特儿，并央她找一位黑人入画。

《奥林匹亚》入围了1865年的巴黎沙龙，引起轩然大波。在这一届的报名作品中，借“维纳斯”或“土耳其宫女”之名的裸体画比以前多出许多，然而《奥林匹亚》却成为注目的焦点，成为暴风圈的中心。许多男士瞒着伴侣来看画，现场更有抗议马奈的卫道人士，宣称他污蔑裸画艺术。为了防范他们情绪过于激动，避免作品遭到雨伞或拐杖破坏，官方得出动许多警卫维护秩序。

在古典绘画的领域，女性裸体必须遵循和谐秩序的信仰。在提香的《田园合奏》中，女体的身型仿佛像个酪梨或陶壶，徜徉在大自然原野之上；在乔尔乔内的《沉睡的维纳斯》中，更看到女性的身体呼应起伏的地形，飘过的云，合奏出优雅的乐章，她丰腴的腹部，仿佛揭示自然界是依她的形体所孕育出来的模样；即使是充满异国风情的“土耳其宫女”，艺术家依然“升华”她们的形象，让观者怀着憧憬，以窥探究竟的态度来欣赏。“升华”是避免堕入低俗、区别艺术和色情的必要手段。在古典艺术的信条中，裸体的呈现有其严格的规范，对象必须避免流露情绪或个性化的表情，让裸像聚焦于身体线条和造型的表现，以期达到

① 枢机红（cardinal），与枢机主教服上系的丝带颜色一致而得名。

② 陈品秀（译）：《化名奥林匹亚》，脸谱出版1997年版，第58页。（Eunice Lipton，1993，*Alias Olympia: A Woman's Search for Manet's Notorious Model and Her Own Desire.*）

沉睡的维纳斯

意：*Venere dormiente* / 英：*Sleeping Venus*

乔尔乔内（Giorgione）与提香（Tiziano）油画

1510，108.5 cm×175 cm

德累斯顿/历代大师画廊（Gemäldegalerie Alte Meister，Dresden）

奥林匹亚（*Olympia*）

马奈（Édouard Manet）油画

1863，130 cm×190 cm

巴黎/奥赛美术馆（Musée d'Orsay，Paris）

永恒美的追求。

然而,《奥林匹亚》却处处向传统价值挑战。画中的女子有张极具个性的脸，头上又插了一朵诱人的花饰，明显是对完美裸像规范的嘲讽;她的脖子上系着黑色蝴蝶结，一只脚套着裸露脚跟的高跟鞋，摆明是风月场所女子的标签;她的手虽然和威尼斯大师的维纳斯一般遮住私处，但姿态上不是自然地垂放，而是呈现坚决的自主性;她的身体发育似乎未臻成熟，不能说不美，但绝非玲珑有致的完美曲线，以致观者理应发出对女神完美裸体的喟叹，在此刻却变成对真实女体的检视与性的遐想。

至于女仆捧来的花束，是仰慕者或是恩客求欢的表示吧?马奈将《奥林匹亚》去神格化的注脚，是把《乌尔比诺的维纳斯》脚边象征忠诚的狗，换成了竖起尾巴的黑猫。在法文中，猫有女性阴部的别意[①]。总之，马奈把维纳斯转换为交际花、妓女。妓女肖像画的登堂入室，必然导致歇斯底里的攻讦。

马奈将女性身体“去神格化”，将维纳斯还原成凡间的女性。在创意的构思上，这个做法和卡拉瓦乔以《田园合奏》为本，画出《乐师》一画，把裸体女神换成了钟爱的男孩和他自己，有异曲同工之妙。在精神上，这和卡拉瓦乔以妓女为模特儿，画出有血有肉的圣母[②]，形成耐人寻味的对比，反映他们叛逆、写实和重返人性的创作思想。

马奈的“写实”并不是为了对绘画对象的如实再现，而是因为在工业革命的浪潮中，城市的面貌快速蜕变，谨守传统宗教与哲学的架构作为现代思想和价值的指导原则，已显得左支右绌。艺术家必须贴近现代社会文明，从当下的议题取材，反思现代化所产生的诸多矛盾与挑战，从而浸泡糅合出与时俱进的存在风貌，让“现代主义”所代表的个人真实情感得以展现，把议题的思辨交还给社会大众。

从绘画的表现来说，自文艺复兴以来，古典绘画借由透视法在平面画布上创造出三度空间的视觉效果，模拟出身历其境的视觉空间。因此，人物的肌理构造和气韵神情也须力求“拟真”，以期唤出栩栩如生的角

---

① 法文的猫是 chatte，正如同英文的 pussy，是女性阴部的俗称。

② 请参阅第一章《登上圣殿之堂》一节。

色性格，并与透视法的立体空间呼应。然而，《奥林匹亚》的身体线条，看得见炭笔的痕迹；《乌尔比诺的维纳斯》帘幕后的景深表现（身后的厅堂和依视觉距离比例缩小的女仆人物）在这里不复出现，马奈用褐色纹饰隔板和墨绿色布帘将人与静物，全部推到前景，呈现平面拼贴的效果。

他这么做的目的很可能和照相技术的发展有关。利用暗箱[①]获取影像的方法，在文艺复兴时期就已发展出来，但是影像有效的保存，也就是底片的产生和冲洗成像技术，要到十九世纪初期才发明问世。法国政府随后购买此专利，并免费公开技术，当成是送给全世界的礼物，摄影因此得以迅速流传开来。

我们确知马奈对于这新鲜而昂贵的工艺甚感兴趣。他可能也意识到，自文艺复兴以来，绘画讲究如实呈现巨细靡遗的质感、细节以及透视法所呈现的立体空间感，恐怕会被摄影艺术取代。因此，他欲另辟蹊径，试图找回平面绘画艺术的演绎特色。我认为，这就是马奈冲撞出来的绘画“现代主义”。关于这一特色，《奥林匹亚》要比《草地上的午餐》明确许多；《奥林匹亚》的出现，让马奈站上古典与现代艺术的分水岭。

这回，马奈冲破了学院美术的大门。

---

① 暗箱的原理是把箱子凿一个洞，让外面的景物投影到箱内。后来经过不断改良，将洞口装上凸镜凹镜，让光影投射到箱内的磨砂玻璃上，然后垫上半透明的纸，画家便可描摹图形。自十八世纪起，利用暗箱作画是相当普遍的事。

现代画的解密

《左拉的肖像》受东洋风吹袭

从小在普罗旺斯一起长大的左拉和塞尚，也一块儿来到“落选者沙龙”。当他们看见《草地上的午餐》时，深受震撼。左拉觉得马奈的主题前卫大胆，摆明与传统学院文化正面对抗，认定他是个开创新时代的天才。

后来透过塞尚介绍，左拉认识了年长八岁的马奈。当时，左拉担任一家出版社的广告主任，认识不少文艺圈人士，但他还未在文坛争得一席之地。他极想为马奈发出正义之声，也曾投书为马奈辩护，无奈未引起回响。两三年之后，左拉发表的小说受到文坛瞩目[①]，从此稿约不断，成为甚受欢迎的专栏作家。基于一股使命感，他继续声援马奈和其他新兴画家，逐渐产生了影响力。马奈为了表达感激之意，珍惜两人在文艺界并肩作战的友谊，因而为他创作《左拉的肖像》。

虽说是为左拉而作的肖像画，画里却充满马奈的影子，有助我们掌

① 自传式小说《克洛德的忏悔》（*La Confession de Claude*），是左拉的成名作，于 1865 年 11 月出版。

左拉的肖像

法：*Portrait d'Émile Zola* / 英：*Portrait of Émile Zola*

马奈（Édouard Manet）油画

1868，146.5 cm×114 cm

巴黎/奥赛美术馆（Musée d'Orsay，Paris）

握他之所以成为现代画家的线索。

左拉手上翻开的是一本有关艺术的书，代表他对艺术的热忱和熟稔；案桌上，丹宁蓝封面的册子，是左拉为马奈作品辩护的文集；墙上的相扑手版画，是日本画家歌川国明（1835—1888）的作品。在当时，日本的浮世绘、陶瓷器[①]、家具、服装风格开始在欧洲流行起来，尤其在法国引为风潮。马奈舍去透视法，采用大面积平涂的方式绘制《奥林匹亚》，极可能就是受了浮世绘形式的启发。事实上，日本艺术风格对整个欧洲现代艺术影响极深，马奈只是个起点，它的影响力还延伸到印象派、后印象派以及法国新艺术（Art Nouveau）的发展。

有人问我，十九世纪中期以后，为何日本风能在欧洲（尤其是法国）催生如此澎湃的风潮？为何毫不逊于日本的中国艺术未能展现等同的影响力？这个命题所牵涉的范围甚广，其原因可能包含文化差异的程度、东西文化接触的时机以及欧洲艺术寻求发展的突破点等。以中国画来说，它和西画有根本性的差异，譬如：中国画不强调空间透视法，重意境，偏好留白。水墨重于色彩，笔触受书法影响而注重笔线与笔力的表现等；而西画则着重写实，作画铺上全满色彩，强调明暗对比和纯粹绘画元素。两者之间的差异，已非单纯的美术派别或绘画理论所能逐一梳理剖析的，依其泾渭分明的程度，很难融合嫁接为新的艺术形式，也不容易产生协调的绘画表现。

长久以来，日本绘画受到中国画和佛教画的影响，彼此的形式风格固有差异，但就形而上的文人画传统，无疑是相当接近的。然而，自十七世纪起，日本在德川家康的江户[②]幕府统治后，进入近两百年的锁国时代，这段时期，异于上流社会文人传统的浮世绘，逐渐在民间流行开来。

“浮世”，带有漂泊于尘世的意思，隐含活在当下，尽享天地之间美好欢愉的生活态度。上焉者，欣赏日月山川、花香鸟语的灵性之美；于乎其中，追逐阳刚之美如相扑竞技、寄情艺能如歌舞伎、享受欢娱如艺

① 日本陶瓷器在十七世纪末就曾输出到欧洲，其中以佐贺县的有田町瓷器最为有名，即所谓的“有田烧”瓷器。“有田烧”乃十七世纪初，朝鲜陶工李参平等人在泉山发现了烧制瓷器的陶石原料，在日本首次成功烧制出的瓷器。当时有田瓷器均由伊万里港出口，所以也被称为“伊万里”。

② 江户即东京都中心的旧称。

大鸣门滩右卫门

歌川国明 版画

1860，37.5 cm×25.6 cm

波士顿/波士顿美术馆（Museum of Fine Arts，Poston）

伎的服务体验；下焉者，则任由身体欲望支配的性事情趣。这些浮世经验或想望，构成了风俗画取材的主题。浮世绘多为木板版画，容易在民间复制流传，因而确立了内容通俗化的趋势。

到了1853年，美国舰队司令马修·佩里（Mathew Perry）强行进入东京湾入口港浦贺①，要求开国开港后，日本的锁国时代正式终结②。

1862年，日本国首度派出使节团到欧洲拜访考察，引起欧洲媒体对这神秘国家的注目，轰动一时。法国著名的摄影师纳达尔（Nadar，1820—1910）还全程跟拍。1867年，日本首次在巴黎举行的万国博览会（Exposition Universelle de 1867）开馆展览，让欧洲艺术家首次接触这个新奇国度的艺术形式。《左拉的肖像》中左侧的屏风③就是日本式的，由此可见其受欢迎的程度。

对于想从新古典艺术架构走出来的画家而言，浮世绘的概念和形式提供了新的参考坐标，他们发现了摆脱历史画厚重系统的可能，不落入与摄影进行逐物写实的竞争。浮世绘的内容来自日常生活，画面的构成概以韵律感的线条形成事物的轮廓，然后在线条围起的区块平涂上色，表现出鲜明、大块色彩的趣味。这么一来，在绘画脱离了“形体写实”的基础上，赋予形形色色的生活事物一种别具风情的格调。

我相信，马奈掌握了应用日本浮世绘于欧洲绘画的钥匙：《奥林匹亚》的二元平面、炭笔线条所塑造的身形、接近平涂的色彩表现等，都是应用浮世绘元素的具体表现。

在《左拉的肖像》中的墙上，歌川国明相扑画的右侧，挂有两幅画：下面那一幅是左拉的最爱，认为作品高度足以媲美卢浮宫的《奥林匹亚》；上面的则是西班牙画家委拉斯开兹（Diego Velázquez，1599—1660）的油画，《酒神的胜利》。

马奈非常喜欢西班牙。富有西班牙意象的歌手、斗牛士和鲜艳的民族服饰，都是经常入画的主题。西班牙画家委拉斯开兹和戈雅（Francisco de Goya，1746—1828）则是他非常尊敬的画家，并深受其影响。

---

① 浦贺位于东京南边五十公里处。

② 由于佩里率领的四艘蒸汽船都漆成黑色，眼见大船入港，江户城居民骚动惊骇，称此事件为“黑船来航”。

③ 屏风原作为江户时代知名装饰画家尾形光琳（1658—1716）所绘。

酒神的胜利

西：*El triunfo de Baco* / 英：*The Triumph of Bacchus*

委拉斯开兹（Diego Velázquez）油画

1628—1629，165 cm×225 cm

马德里/普拉多博物馆（Museo del Prado，Madrid）

酒神

意: *Bacco* / 英: *Bacchus*

卡拉瓦乔（Michelangelo Merisi da Caravaggio）油画

1598，95 cm×85 cm

佛罗伦萨/乌菲齐美术馆（Galleria degli Uffizi，Firenze）

《酒神的胜利》描绘酒神带着酒来到人间与百姓同欢，让劳苦如奴隶的底层大众得以暂时获得解脱，享受难得的欢庆气氛。这幅画描绘神人共处的场面和明暗对比的色彩光影，是巴洛克式的；而青春酒神的形象，应是得自卡拉瓦乔《酒神》的灵感。

马奈经常临摹委拉斯开兹的画作，向他学习到对比鲜明的用色、自然流畅的人物姿态和肖像画人物背景的简约风格。而这些特色，正是委拉斯开兹承袭卡拉瓦乔一脉相连的精神展现。

《吹笛少年》——东西洋合体的人像画

《奥林匹亚》在巴黎沙龙展出后，遭到无情的批评谩骂，凶狠猛烈的炮火让马奈避走西班牙，到他心灵的第二故乡止痛疗伤。马奈的西班牙之行，让他尽览委拉斯开兹的作品。其中，他曾对朋友特别赞扬《巴利雅多立德肖像》。这幅画中，除了一身黑色服装的喜剧演员外，什么都没有；他的身后，就像卡拉瓦乔的《女占卜师》一样，像是在空无一物的墙上看见一种晕开的光。但它不见得是墙，我们除了看见聊备一格的人物残影外，根本看不见墙和地的分界。

回国以后，马奈结合西班牙巴洛克和日本浮世绘的画风，创作了《吹笛少年》。

吹笛少年身着军仪队服装，绯红色长裤以黑色饰条联结了庄严（黑）与热情（红）；白色肩带、金色帽饰、扣环、铜扣和铜质套管，则缀饰熠熠生辉的活泼精神。马奈不做脸部表情的细致描绘和立体身形的塑造，舍弃学院派为求色彩和谐而一再渐次混色所生的泛灰色调；他让少年的身形更接近二元平面，用饱满而对比鲜明的色彩，流动而富有韵律感的色块，让少年的形象跃然画布之上。

少年的影子极为简约。画面背景的晕光，略带一丝缅怀青春、稍纵即逝的青涩气息。画家用偏冷的色调，不让情绪过于晕开，维持少年形象上的利落明快。

这西、日混血的《吹笛少年》，再度遭拒于官方沙龙门外。《吹笛少年》的身影已几乎看不见与新古典主义的血缘关系；新时代的面貌和象

巴利雅多立德肖像

西：***Pablo de Valladolid*** **/** 英：***Portrait of Pablo de Valladolid***

委拉斯开兹（Diego Velázquez）油画

1635，209 cm×123 cm

马德里/普拉多博物馆（Museo del Prado，Madrid）

吹笛少年

法：*Le fifre* / 英：*The fifer*

马奈（Édouard Manet）油画

1866，160 cm×97 cm

巴黎/奥赛美术馆（Musée d'Orsay，Paris）

征却清晰可见。难怪以收藏现代艺术作品为主的奥赛美术馆[①]（收藏 1848 年至 1918 年期间的作品，亦即新古典主义之后到第一次大战前的创作）常以《吹笛少年》作为官方海报或馆藏画册的封面。

① 根据法国文化部的规划，1848 年以前的艺术品，包括拿破仑时期大量从意大利、埃及和中东掳掠的文物，典藏于卢浮宫。1918 年第一次世界大战后的艺术品，安置在蓬皮杜中心（Centre Georges Pompidou）的法国现代艺术美术馆（Musée National d'Art Moderne）。1986 年，法国文化部将居于其间的（1848—1918）的馆藏，也就是新古典之后到第一次世界大战结束的艺术品，从卢浮宫移入由火车站改建而成的奥赛美术馆。

缪斯女神

马奈前卫性的创作，有相当程度得力于文学家（如波德莱尔）、绘画大师（如提香、卡拉瓦乔、委拉斯开兹等）及日本浮世绘所带给他的艺术视野，他聪慧地找寻关键性的里程碑往前探索，尝试融合异质元素于创作的历程里。此外，在极具现代感的人物画中，有三位模特儿重复出现在画布上，成就艺术史上的不朽形象。对于马奈成为现代画的第一人，她们是不可或缺的缪斯。

苏珊·马奈

苏珊·马奈（Suzanne Manet，本名：Suzanne Leenhoff，1829—1906）出生于荷兰南部台夫特（Delft）。据说，钢琴家李斯特（Franz Liszt，1811—1886）在荷兰听过她的演奏后，建议她赴巴黎继续深造。[1] 二十岁时，马奈的父亲邀她担任孩子们的钢琴老师。当年马奈十七岁。

不知从何时开始，苏珊和马奈的父亲奥古斯特（Auguste Manet）产生

① Beth Archer Brombert（1997）. *Édouard Manet: Rebel in a Frock Coat*（p.137）. University of Chicago Press.

了亲密关系。不久，她也和马奈交往。二十三岁时，她生了一个小孩，名叫里昂（Léon-Edouard Leenhoff），外人无法确知他的生父究竟是奥古斯特，还是马奈。他们对外声称里昂是苏珊的弟弟，里昂则称呼马奈为教父。里昂曾多次出现在马奈的画里，《吹笛少年》可能就是其中之一。

马奈约在1860年离开家，低调地和苏珊、里昂住在一起。当时马奈的父亲已经瘫痪，卧病在床。直到奥古斯特去世一年以后，马奈和苏珊才正式成婚。当他向亲友宣布结婚的喜讯时，诗人波德莱尔在回函中写道："她集美丽、仁慈和艺术涵养于一身，简直不可思议！"①

除了马奈的社交圈以外，苏珊的几个弟弟和弟媳也多从事绘画和雕刻行业，因此对巴黎文艺圈也相当熟稔。婚后，他们家每周举办文艺沙龙，苏珊的钢琴演奏常博得满堂彩。宾客之中，波德莱尔、德加（Edgar Degas，1834—1917）是经常往来的至交。在波德莱尔临终之际，苏珊还特地弹奏瓦格纳的曲目，陪伴他走完人生的最后一程。

也许因为曾纠葛于马奈父子的感情世界，或者洞悉文艺圈无所不在的磁场电流，更有可能是基于沉稳豁达的性格，苏珊对马奈的风流成性不但不以为忤，甚至时以幽默口吻，像在提到孩子调皮的行为般，轻松带过他的轻浮举动。

马奈持续挑战传统的新古典主义，却始终想在学院殿堂留名，因此不断地递交作品到官方沙龙。然而，结果多是事与愿违，退件的比例十之七八。在看似无情的艺海之中浮沉，苏珊就像《惊讶的仙女》和《弹奏钢琴的马奈夫人》这两幅画所揭露的形象一样，她一方面是孕育丰盛果实的艺术精灵，另一方面是浪荡游子的宁静避风港，让马奈频遭无情打击之后，能够扬帆再出发。

维多琳・莫涵

在马奈毕生的作品中，名气最高的莫过于《草地上的午餐》和《奥林匹亚》。这两幅画的裸体女人，都是同一位模特儿——维多琳・莫涵（Victorine Meurent，1844—1927）。

---

① Nancy Locke（2001）. *Manet and the family romance*（p.57）. Princeton University Press.

惊讶的仙女

法：*La Nymphe surprise* / 英：*The surprised Nymph*

马奈（Édouard Manet）油画

1861，144.5 cm×112.5 cm

布宜诺斯艾利斯/国家美术馆（Museo Nacional de Bellas Artes，Buenos Aires）

弹奏钢琴的马奈夫人

法：*Madame Manet au piano* / 英：*Madame Manet at the piano*

马奈（Édouard Manet）油画

1868，38 cm×46.5 cm

巴黎/奥赛美术馆（Musée d’Orsay，Paris）

早些时候，莫涵跟着担任铜匠的父亲在各个艺术家的画室和工作坊跑来跑去。父亲觉得画家家里的环境要比雕塑家的干净优雅许多，便让她在库蒂尔的画室待了下来，一面担任模特儿，一面跟着学习画画。

也许是一头红发的魅力，抑或源自她来自社会底层、不扭捏作态的直率个性，莫涵受邀到马奈的画室担任模特儿，入画的作品以莫涵为主角的画共有八幅。当时,《草地上的午餐》和《奥林匹亚》触怒许多人（尤其是后者）的原因之一是她那双带有冷意挑衅的眼神。关于这一点，莫涵曾有相关的记述："也就在那一天，他（马奈）对我的表情下了评语。他说：'我无法明白它是什么，维多琳，不过有某些东西存在于你看东西的方式，你的脸！你从不看着这个世界，好像你想向它要些什么。'"[①] 这代表莫涵的眼神和表情对马奈有股不可言说的魅力，他也试图在画里表现出来。

除了担任模特儿，莫涵曾在咖啡厅演奏小提琴或吉他。她曾想以教授音乐为业，但始终难有固定收入。后来，她回到画室习画。1876 年，她的自画像入围了沙龙，但同时马奈的两幅画却落选。莫涵一生共入围六次沙龙,《圣枝主日》[②] 是莫涵唯一留存下来的作品。

马奈逝世三个月后，莫涵写信给苏珊，希望夫人能够帮她渡过经济难关："你知道，我多次为他的画担任模特儿，最出名的是他的杰作《奥林匹亚》。马奈先生对我很感兴趣，他老是说如果他卖了画，他会保留一点奖赏给我。我那时是那么年轻、那么无忧无虑……我拒绝了，很感激地谢过，还告诉他说如果我无法再摆姿势，我会记得他的承诺。"[③] 但是她没有收到苏珊的回应。

实际上，苏珊也不甚宽裕。1888 年底，印象派画家莫奈（Claude Monet，1840—1926）听闻苏珊为了生计，打算把《奥林匹亚》卖给一个美

---

① （美）尤妮斯·利普顿:《化名奥林匹亚》，陈品秀译，脸谱出版 1997 年版，第 73 页。（Eunice Lipton，1993，*Alias Olympia: A Woman's Search for Manet's Notorious Model and Her Own Desire.*）

② 圣枝主日（Palm Sunday），又称棕枝主日，是纪念基督死前一周，进入耶路撒冷时，路人手持棕榈树枝，夹道欢迎的日子。

③ （美）尤妮斯·利普顿:《化名奥林匹亚》，陈品秀译，脸谱出版 1997 年版，第 46 页。（Eunice Lipton，1993，*Alias Olympia: A Woman's Search for Manet's Notorious Model and Her Own Desire.*）

圣枝主日
法: *Le Jour des Rameaux* / 英: *Palm Sunday*
莫涵（Victorine Meurent）油画
1880
法国白鸽市立艺术历史博物馆（Musée Municipal d'Art et d'Histoire de Colombes）

国人。莫奈认为此画是法国现代艺术转型过程中最伟大的作品，因此大声疾呼，希望这幅画能留在法国。再者，他年轻的时候，曾受马奈的资助，也视之为前卫画家的标杆，这是他可以为逝去的偶像做些回报的时候。经过一年多的四处奔走，莫奈终于募集到等同美国买主出价的金额，向苏珊买下这幅画，捐给卢浮宫。

1903 年，五十九岁的莫涵成为法国艺术家协会的会员，得到些许资助。三年以后，她和同性友人搬迁到巴黎郊区的白鸽市（Colombes），直到八十三岁离开人世。后来，她的伴侣也去世，房子转移给新的屋主，他依稀记得进到屋内的景象："房子里面的东西烧得差不多了，只剩下一把小提琴，一个书架，和没有什么价值的书。"[1]

① （美）尤妮斯·利普顿:《化名奥林匹亚》，陈品秀译，脸谱出版 1997 年版，第 148 页。（Eunice Lipton，1993，*Alias Olympia: A Woman's Search for Manet's Notorious Model and Her Own Desire.*）

穿斗牛士服装的维多琳小姐

法：*Victorine Meurand en Costume d'Espada*

英：*Mlle. Victorine in the Costume of an Espada*

马奈（Édouard Manet）油画

1862，165.1 cm×127.6 cm

纽约/大都会美术馆（Metropolitan Museum of Art，New York）

贝尔特·摩里索

1868年的某个早晨，十七岁的贝尔特·摩里索（Berthe Morisot，1841—1895）和朋友在卢浮宫临摹鲁本斯的画。在那儿，经由画家方坦·拉图尔（Henri Fantin-Latour，1836—1904）的介绍，她认识了马奈。之后，马奈邀请她到画室担任模特儿。不同于苏珊和莫涵，她们多半是依画家设定的主题来摆姿势，譬如超凡脱俗的仙女、冷傲的交际花等，或是为肖像画而作的客观描绘。然而，在所有马奈为摩里索所创作的十四幅画，包括素描、水彩和油画在内，呈现的几乎是画家臣服于摩里索与生俱来、无从抵御的魅力。

《手持紫罗兰的摩里索》简直是十九世纪版的《蒙娜丽莎》。她们都身着黑衣，立于昏黄的背景之前。马奈画笔下的摩里索，有别于传统女性的温柔典雅，散发强烈鲜明的现代感。立体有型的黑绒帽顶不住渲染着生命力的翘鬈金发；随手系于下巴的黑色系带，收敛青春的狂野，勾勒出一个极有气质的面庞；而背景如熊熊火焰的光影，是马奈因她所升起的欲念与想望的投射，催化燃烧的热情。

我没有十足把握《手持紫罗兰的摩里索》的创作概念是否沿用了波德莱尔的散文诗，但我确信《绘画欲》[①] 这首诗强烈呼应了马奈对摩里索的炙热情感。这两件文学与绘画作品，也为彼此做了极为贴切的诠释——

> 她的美丽，胜过美丽：她令人惊奇。她身上富于黑色：她所激起的一切都是属于夜的，深邃的。她的眼睛是两个洞穴，其中隐约闪着神秘，她的目光像闪电一般照耀；那是黑暗中的火爆。
>
> 我把她比作黑色的太阳，假如你能想象一个倾注光华和幸福的黑星辰。但是她更令人想及月亮，无疑的，那个可怕月亮的影响，烙印在她的身上；不是那种情诗中被歌唱得像一个冷淡新娘的白色月亮，而是那种阴森的，令人沉醉的月亮，悬挂

① （法）波德莱尔：《巴黎的忧郁》，胡品清译，志文出版1973版，第125—126页。（Charles Baudelaire，1868，*Le Spleen De Paris.*）

手持紫罗兰的摩里索

法：*Berthe Morisot au bouquet de violette*

英：*Berthe Morisot with Bouquet of Violets*

马奈（Édouard Manet）油画

1872，55 cm×40 cm

巴黎/奥赛美术馆（Musée d'Orsay，Paris）

在一个暴雨欲来的夜之深处，被奔驰的云翳所挤撞；不是那种宁静的，审慎的，照亮纯洁人睡眠的月亮，而是从天空里被扯下来的，被打败了的，有叛逆性的月亮，那种被德萨里[①]的女巫们严厉强迫在受惊的草地上跳舞的月亮。

如果你怀疑这诗与画的联结是否过于牵强，我们可再看《执扇的摩里索》。

画中挥洒一贯神秘的黑，凸显半遮着的白皙的脸庞、裸露的手臂和双脚；左手扬起的扇，充满了挑逗的气息；晃动的裙摆线条，摇曳着惑人之姿。这幅画透露马奈与画中人昭然若揭的关系。容我再引用一段波德莱尔的诗，作为此画的注解：

你的步伐，高贵的双脚在裙摆下不断闪现，
撩起暗生的情欲，如熬似煎的折磨，
如同一对巫婆，不停款摆，
摇晃一只深瓮底的墨黑色媚药[②]。

摩里索本人也是热爱绘画的画家，常向马奈请教绘画的技巧。摩里索常和一群年龄相仿、作画理念接近的画家一同作画，他们不只在画室互相切磋，也常一起到户外写生。这个团体，除了极为活跃的摩里索，还有塞尚、莫奈、雷诺瓦等，日后成为“印象派”（Impressionism）的先驱。由于他们视马奈为前卫艺术的英雄人物，对他挑战传统美学价值，创作出令人耳目一新的现代绘画，相当景仰，摩里索便热心将这些年轻画家介绍给马奈认识。

《巴蒂尼奥勒画室》让我们得以一窥不怎么受到学院肯定的马奈，却受到前卫年轻画家拥戴的程度。这幅作品是介绍摩里索和马奈认识的

---

① 塞萨利（Thessaly，又译为德萨里），位于希腊中部，濒临爱琴海。在希腊神话里，为了爱情来到塞萨利的女巫美狄亚（Medea），具有非凡的法力；她能借由诵读咒语和祈祷，让群星共舞，施展神奇的巫术。因为满月时，地球万物多呈现蓬勃、满溢和壮大的现象，所以女巫作法多选择月缺的日子，以便容易操控。之后，塞萨利的女巫们选择施法的日子亦多遵循这个原则。

② （法）波德莱尔：《恶之花》，郭宏安译，新雨出版社 2012 年版，第 157 页《优雅的船》。（Charles Baudelaire，1857，*Les Flerus du mal.*）

执扇的摩里索

法：*Berthe Morisot à l'éventail* / 英：*Berthe Morisot with a fan*

马奈（Édouard Manet）油画

1872，60 cm×45 cm

巴黎/奥赛美术馆（Musée d'Orsay，Paris）

巴蒂尼奥勒画室

法：*Un atelier aux Batignolles* / 英：*A studio at Batignolles*

方坦·拉图尔（Henri Fantin-Latour）油画

1870，204 cm×273.5 cm

巴黎/奥赛美术馆（Musée d'Orsay，Paris）

艺术家的女儿茱莉和她的保姆

法：*La leçon de couture*

英：*The Artist's Daughter，Julie，with Her Nanny*

摩里索（Berthe Morisot）油画

1884，57.15 cm×71.1 cm

美国明尼苏达州 / 明尼阿波利斯美术馆（Minneapolis Institute of Art，Minnesota）

方坦·拉图尔所绘。

巴蒂尼奥勒（Batignolles）位于蒙马特西侧，是许多画家聚集活动的地方。画的正中心是坐于画架之前执笔解说的马奈；他的座位旁，手持着书本、表情严肃看着画的是写实主义派之父库尔贝。库尔贝出道比马奈还早，也敢于挑战传统，他画厚重雄伟的自然景物、揭露下层人民的劳动与生活，更有大胆描绘人体交欢的作品。十九世纪五十年代可以说是库尔贝反抗当道的高峰，也是他最意气风发的时代。而十九世纪六十年代则由马奈取而代之，成为反抗势力的领袖。库尔贝出现在这幅画中，颇有江山代有才人出的传承与交棒意味。

后排站立的都是年轻的文艺界人物，自左而右分别为：研习库尔贝和马奈作品的德国画家奥托·朔德雷尔（Otto Scholderer），顶着帽子专注看画的雷诺瓦，捍卫马奈最得力的作家左拉，画家兼雕刻家扎沙里耶·阿斯特吕克（Zacharie Astruc），贵族出身、英俊挺拔的印象派画家弗雷德里克·巴齐勒（Frédéric Bazille）以及侧身于角落、有点腼腆落寞的莫奈。

一般认为马奈对摩里索扮演指导的角色，促使她获得巴黎沙龙的青睐。然而，坚持印象派理念的摩里索，经常鼓励马奈到户外作画，并分享他们对于光的分析与理解，对马奈后期画作风格的演变有潜移默化的作用，在他后期诸多作品中可看到印象派技法的痕迹。由此可见，摩里索对马奈画作的影响也很深刻。

1874 年，摩里索和马奈的弟弟欧仁·马奈（Eugène Manet）结婚。欧仁也是一位画家，但他对摩里索优异的艺术天分了然于心，于是放弃自己的喜好，全力支持妻子往艺术之路迈进。摩里索成为弟媳以后，马奈就不再为她作画，但他保留了七幅摩里索的肖像画，终身收藏。

最后的盛宴

《沥青涂船》是一幅看得见印象派影响的作品。

马奈决定以绘画为业之前，曾随船航行至南美洲，对于大海和船舶并不陌生。《沥青涂船》描绘造船工人用火烘烤涂上船身的沥青，熔匀贴合船板之间的空隙，以确保船只不受海水渗透。

马奈以短而快速的笔触，点燃熊熊的火焰，烧出烟雾弥漫的天空、滚滚流动的大海和一片荒芜的土地，画出以海为生的沧桑情貌。在天沧海茫风吹沙的世界，人物的面貌不复辨识，船和甲板的形状也不那么清晰，马奈要捕捉的，或许是一去不复返的航海旅程与青春岁月吧！

欣赏过这些马奈的创作，我们会隐约感觉到，马奈的画散发一种明快利落，但不流于草率轻浮的现代感，原因除了题材从周遭生活取材的连接，应该与他对黑色的运用有关。

黑在自然界，是煤炭的颜色。若把适当比例的三原色红、黄、蓝调和，或将许多颜色混在一起，也会得到或接近黑色。就光的理论来说，黑是光源消失后肉眼所见的颜色。卡拉瓦乔利用光和影（接近黑色）的反差，创造类似剧场的效果，产生了明暗对比；而印象派画家的作品，则几乎看不见黑色，因为依据典型的印象派理论，主张掌握不同的光线下所产生的视觉、氛围和当下的存在感；有光的地方，不会有黑的存在，

沥青涂船

法：*Le Bateau goudronné* / 英：*Tarring the boat*

马奈（Édouard Manet）油画

1873，59 cm×60 cm

费城/巴恩斯基金会（The Barnes Foundation，Philadelphia）

反之亦然。

然而，马奈却几乎让黑变成画面的主色。他的黑，没有凝结厚重、沉闷孤寂的感觉，也绝不只是陪衬光的阴影；马奈以潇洒快意的笔触，让黑色所到之处展现一种机智灵巧的气息，带着几分叛逆抗衡的意味；这个黑不会成为画面上一个吸收光的黑洞或腐朽陈旧而欲快意去除的视觉障碍，它反而带有顽强的活力，彰显强烈的个人主义和时代感，成为马奈画作的标志。我认为，马奈对于黑色的掌握和运用，可说是神乎其神，在绘画史上无人能出其右。

1881 年，在挚友安托南·普鲁斯特[①]（Antonin Proust，1832—1905）的强力运作下，四十九岁的马奈获颁法国荣誉勋位勋章（Légion d'honneur），一扫多年被拒于学院门外的苦涩遭遇。但他未因此停歇探索。在过去七八年的时间里，他除了尝试运用印象派的技巧作画以外，还积极开拓新的绘画语言和风格，题材涵盖静物、海洋和城市的生活场景等。获奖的这一年，他开始创作《女神游乐厅的吧台》。这是马奈生前最后一幅大型作品，也是艺术史上既扑朔迷离又耐人寻味的画作之一。

女神游乐厅（Folies-Bergère）[②]是巴黎第一家大型卡巴莱（Cabaret，一种歌厅式音乐剧场）。在宽阔的空间里，设有乐团、芭蕾、歌舞剧团、特技杂耍等的娱乐演出，并提供客人餐饮和跳舞等服务。卡巴莱也是寻芳客的流连之地。它成立的时间比同类型的黑猫（La Chat Noir）和红磨坊（Molin Rough）更早，为欧陆夜总会的滥觞[③]。

女神游乐厅内部的空间设计，以舞台为起点，紧临舞台下方的是乐团演奏区，而其外围的空间可设宴席，也可作为舞池；一般观众席设在上层，环绕舞台筑成马蹄形阶梯座台。吧台就设在马蹄形走道尽头，靠近舞台区域的两端。

《女神游乐厅的吧台》主角是两手撑在大理石台面的女侍。她穿着极合身的七分袖黑色绒质礼服外套，镂空敞开的领口呈钟形，露出前胸。在这个地方，设计师刻意堆叠装饰，带出卡巴莱的欢乐气氛：她的颈部

---

① 《追忆似水年华》（*À la recherche du temps perdu*）的作者为马塞尔·普鲁斯特（Marcel Proust，1871—1922），与安托南·普鲁斯特并非同一人。

② Folies-Bergère 法文的字面直译为疯狂牧羊女，名称取自它临近的街名 rue Bergère。

③ 女神游乐厅成立于 1869 年，而黑猫和红磨坊则分别于 1881 年和 1889 年开业。

戴着黑色丝带系起的金色锁坠；胸口上方别着饰花，也有掩饰乳沟的目的；钟形领口和七分袖口镶有白色蕾丝织边，作用类似玫瑰花束周围的满天星，衬托女侍迎宾的喜气。

大理石台面上，有透明瓶身的粉红葡萄酒（或石榴糖浆）、红三角标签啤酒[1]、香槟和橄榄绿瓶身的蒸馏酒。此外，女侍手边有一盘橘子和插在水杯中的花。

女侍的身后有面大镜子，镜子反射部分大理石台面、酒瓶以及女侍对面的观众席。镜面作为吧台设计的元素，经常可见，用以烘托琉璃、吊灯、美酒、觥筹交错和时尚缤纷所交叉呈现的鎏金时光。

马奈安排的这面镜子，也让我们看见女侍眼中喧嚣厅堂的画面：横穿画面中间、滚着金色花纹饰条的白色围墙，间隔出楼上观众席以及楼下舞台、乐团和宴席层的空间；画面左上角，有特技演员踩登在高空秋千的双脚；观众席前方、靠近围墙区域是包厢座位，一位戴着手套的贵妇，手持望远镜朝舞台方向瞭望。从特技演员的位置和贵妇注视的方向，我们可以判断这个吧台位于马蹄形观众席的右端。

《女神游乐厅的吧台》的画面，看起来是那么合理地展现巴黎灯火辉煌、歌舞升平的壮阔场面。只是，细看画面左边的酒瓶位置，紧靠在女侍这端的台面边缘，但到了镜中，怎么跑到台面的另一端？此外，镜中背对画面的女侍和趋前的顾客怎么会在画面的右侧？我做了一个实验，如果吧台的镜子不只是单一平面，而是呈П字形，也就是说，顾客和女侍都在镜子包覆的吧台区，那么人物的影像确实会在旁边的镜子出现；正后方和左侧的镜子当然也会有两人影像，只是马奈为了聚焦画面，舍去不用。镜中酒瓶的位置，也同理可证。

尽管我们想出各种方式来合理化画面的逻辑，但仍疑点重重。譬如：镜中女侍的身影前倾地与顾客互动，相较于本人的默然呆立，显然有所差距；再者，镜子下缘铜框左右两边的颜色和水平位置不怎么连接得起来；还有，吧台前方除了顾客站立的区域以外，应该也有环绕观众席的围墙，但镜子里完全看不到！除非，这个吧台悬挂在半空中，或是马奈又选择不画进去？然而，这些明显的“破绽”，要出现在成熟艺术家画

---

① 英国啤酒 Bass Ale。

女神游乐厅的吧台

法：*Un bar aux Folies Bergère* / 英：*A Bar at the Folies-Bergère*

马奈（Édouard Manet）油画

1882，96 cm×130 cm

伦敦/科陶德艺术学院（Courtauld Institute of Art，London）

笔下的可能性微乎其微。我认为，答案可能要回到马奈创作此画的时空之中。

马奈经历第二帝国的统治，遭受过普法战争的屈辱，目睹巴黎公社事件对同胞的无情摧残后，他终于欣见法国回归到他向往的共和体制。巴黎不仅重生，而且成为波德莱尔笔下“由无数楼梯、拱廊构筑的巴别塔[①]，成了一座绵延的宫殿……稀世的宝石，扑打着魔幻的水波，无边无际的闪耀明镜，闪烁着映射的万象”[②]。

马奈以画出自身所处时代自诩。过去二十多年来的坚持，他一直走在自己设定的道路上，而今他终于能在期盼的共和政体下，画出花都巴黎。只是，他回顾自己的艺术地位恐怕还无法与安格尔、德拉克鲁瓦相提并论，他还想更上层楼；以他四十九岁的年纪和心智状态，应大有可为。然而，梅毒和风湿无情侵蚀他的躯体，他的生命恐怕只剩下画一幅画的时间。

在这样的背景之下，画家奋力一搏的《女神游乐厅的吧台》要传达什么弦外之音呢？我的揣测是，这个才华洋溢、机智风流、自命不凡又渴望肯定的灵魂，明白自己将随着残破的躯体逝去，于是一切的声色犬马、繁华烟云，都变得虚幻疏离。在眼神茫然的女孩面前，蓄着髭须的顾客是马奈？或根本是观者——我们？谁的存在是真实？或者我们的存在都将化为幻影？

画里别着胸花、套着金手环、双耳戴珍珠耳环的女孩，日复一日在游乐厅看着幕起幕落的歌舞烟花，迎接如潮水般涌进的宾客；执画笔的马奈和女孩一样，已无法融入这灯火辉煌的声色场域，随时都可能坠入茫然的虚空。有一天，他们悬浮的思绪，好比升起的烟雾、摆荡的秋千、闪烁的水晶灯影甚至是飘浮的吧台，逐渐和现实世界远离。

最终，马奈走了，《女神游乐厅的吧台》留下来了，它似乎告诉我们，画家一生戮力创造的幻影画面，如同文学家耕耘的虚构小说，为我们保留最珍贵且真实的存在。

---

① 巴别塔（Babel），或称通天塔，比喻与天相连的高楼。

② （法）波德莱尔：《恶之花》，郭宏安译，新雨出版社 2012 年版，第 157 页《优雅的船》。（Charles Baudelaire，1857，*Les Flerus du mal.*）

马奈一生追求世俗的肯定，但骨子里的叛逆又蠢蠢欲动，频频在画布上与当道对抗，展现与众不同的姿态。马奈在有生之年，不甘仅栖身做非主流画家的领衔人物，期待笑傲于学院厅堂，无奈中年重病缠身，才领悟人生不过一场虚幻。然而，他留下的艺术遗产远超乎他的想象，更胜于同辈艺术家。马奈对现代艺术的衔接扮演举足轻重的角色，为印象派革命埋下燎原的火种。

|附　录|

繁星巨浪　时光隧道

时间 vs 艺术

Time v.s. Art
1480s—1970s

文艺复兴时代

年代 1480 1490 1500 1510 1520

政治社会

- 1494 年—1559 年意大利战争，造成文艺复兴的衰落
- 1492 年哥伦布首航美洲

文史科学

- 米兰多拉《论人的尊严》（1486）出版，被视为文艺复兴宣言

代表作品

达·芬奇 Leonardo Da Vinci，1452—1519

岩间圣母

最后的晚餐

蒙娜丽莎

施洗者圣约翰

米开朗琪罗 Michelangelo，1475—1564

半人马之战

圣殇

大卫

创造亚当

拉斐尔 Raphael，1483—1520

天使

西斯廷圣母

绅士画像

帕里斯的评判

1530　1540　1550　1560　1570

• 1576 年意大利暴发黑死病，终结威尼斯画派

• 1527 年罗马之劫（战争和黑死病侵袭）

• 1543 年哥白尼《天体运行论》，推翻地球是宇宙中心的观念

• 马基雅弗利《君主论》（1532）

夜

最后的审判（局部）

卡皮托利诺广场

圣彼得教堂圆顶与正殿建筑

文艺复兴时代

年代 1480　1490　1500　1510　1520

雅典学院

嘉拉提亚的凯旋

弗娜瑞娜

乔尔乔内 Giorgione，1477/1478—1510

朱迪丝

暴风雨

沉睡的维纳斯

代表作品

提香 Tiziano Vecellio，1488/1490—1576

田园合奏

圣母升天

酒神与阿里亚德妮

其他重要作品

维纳斯的诞生
波提切利

七慈悲
阿尔克马尔

米迦勒
杰拉尔德·大卫

禁止触碰
柯勒乔

1530 1540 1550 1560 1570

乌尔比诺的维纳斯

马背上的查理五世

黛安娜与阿克特翁

掠夺欧罗巴

阿克特翁之死

使节
小霍尔拜因

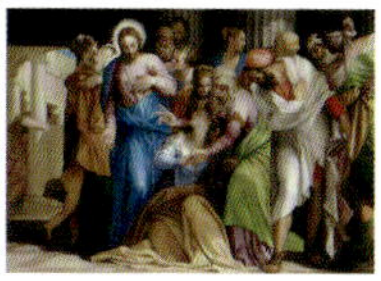
扶大拉的马利亚的转变
委罗内塞

雪中猎人
老彼得·勃鲁盖尔

在加利利海的基督
丁托列托

巴洛克时代与新古典主义的萌芽

年代 1580 1590 1600 1610 1620

政治社会

- 1585 年—1590 年教宗西斯都五世重建罗马城
- 1618 年—1648 年经历三十年战争
- 1610 年—1643 年波旁王朝：法王路易

文史科学

- 1609 年前后，伽利略发明天文望远镜，观测太阳黑子、彗星与银河系；
- 发表惯性原理；研发精密显微镜应用于科学研究
- 莎士比亚《罗密欧与朱丽叶》（1595）、《哈姆雷特》（1602）
- 塞万提斯《堂吉诃德》（1605/1615）

卡拉瓦乔 Caravaggio，1570—1610

女占卜师

鲁特琴手

圣马太蒙召

韦格纳科特和侍从

代表作品

酒神

乐师

圣母之死

七善行

手提哥利亚头颅的大卫

纸牌老千

捧果篮的男孩

被蜥蜴咬的男孩

圣马太与天使

圣马太的灵感

Baroque & the seeds of Neoclassicism

1630 1640 1650 1660 1670

法兰西获胜壮大，神圣罗马帝国和西班牙日渐衰落

• 1648 年荷兰脱离西班牙独立，成为海上强权

• 1643 年—1715 年 波旁王朝：法王路易十四

• 1635 年黎塞留成立法兰西学术院，成为规范法语和推行艺术的机构

• 约翰 · 弥尔顿《论出版自由》(1644)

荷兰巴洛克（荷兰绘画的黄金时代）

吉卜赛女郎
弗兰斯 · 哈尔斯

小牛
保卢斯 · 波特

台夫特房舍庭院
霍贺

得恋爱病的少女
斯滕

埃克河边的磨坊
雷斯达尔

巴洛克时代与新古典主义的萌芽

年代	1580	1590	1600	1610	1620

伦勃朗 Rembrandt，1606—1669（荷

代 表 作 品

委拉斯开兹 Diego Velázquez，1599—1660

煎鸡蛋的妇人

普桑 Nicolas Poussin，1594—1665

弥达斯王与酒神

Baroque & the seeds of Neoclassicism

1630 1640 1650 1660 1670

沉思中的哲学家

夜巡

基督致敬人民

呢商同业公会理事

维米尔 Johannes Vermeer，1632—1675（荷兰）

倒牛奶的女仆

台夫特一景

戴珍珠耳环的少女

（西班牙）

酒神的胜利

巴利雅多立德肖像

战神

教皇英诺森十世

宫娥

强掳萨宾女人

山水间的俄耳甫斯和欧里狄克

圣保罗升天

四季系列：秋

新古典主义时代（伴随浪漫、写实及田园主义的兴起）

年代 1770 1780 1790 1800 1810

政治社会

- 1774 年—1792 年 波旁王朝：法王路易十六
- 1792 年—1804 年 法兰西第一共和国
- 1804 年—1814 年 法兰西第一帝国 拿破仑
- 1775 年—1783 年 美国独立战争
- 1789 年—1799 年 法国大革命
- 1793 年—1794 年雅各宾派恐怖统治

文史科学艺术音乐

- 亚当·斯密《富国论》（1776）
- 卢梭《忏悔录》（1782—1789）
- 歌德《少年维特的烦恼》（1774）
- 简·奥斯汀《傲慢与偏见》（1813）
- 莫扎特《魔笛》（1791）
- 贝多芬《命运交响曲》（1808）
- 海顿《降 E 大调小号协奏曲》（1796）
- 帕格尼尼《24 首小提琴随想曲》（1805—1809）

代表作品

雅克-路易·大卫 Jacques-Louis David，1748—1825

马拉之死

萨宾妇女的调停

跨越阿尔卑斯山圣伯纳隘口的拿破仑

安格尔 Jean-Auguste-Dominique Ingres，1780—1867

瓦平松的浴女

大宫女

Neoclassicism (and the rise of Romanticism, Realism & Barbizon)

1820 1830 1840 1850 1860

- 1814 年—1830 年 波旁王朝复辟
- 1830 年—1848 年 奥尔良王朝
- 1848 年—1852 年 法兰西第二共和国
- 1852 年—1870 年 法兰西第二帝国 路易 · 拿破仑

- 1821 年—1832 年 希腊独立战争

- 1823 年拜伦参加希腊战争

- 1829 斯蒂芬孙首条铁路完工

- 司汤达《红与黑》(1830) •弗洛拉《贱民流浪记》(1838)

- 雨果《巴黎圣母院》(1831) •巴尔扎克《高老头》(1835) •大仲马《基督山伯爵》(1844)

- 舒伯特《鳟鱼》(1817) •肖邦《雨滴前奏曲》(1838) •李斯特《帕格尼尼练习曲》(1838)

- 舒曼《儿时情景》(1838)

丘比特与普绪喀

荷马的礼赞

贝尔坦先生肖像

土耳其宫女与女奴

泉

土耳其浴室

新古典主义时代（伴随浪漫、写实及田园主义的兴起）

年代	1770	1780	1790	1800	1810

德拉克鲁瓦 Eugène Delacroix，1798—

其他代表作品

裸体的马娅
戈雅

1808 年 5 月 3 日枪杀起义者
戈雅

Neoclassicism (and the rise of Romanticism， Realism & Barbizon)

1820 1830 1840 1850 1860

萨达纳帕拉斯之死

自由引导人民

阿尔及尔女人

猎狮

威文侯公园
康斯太布尔

雨、蒸汽和速度——西部大铁路
透纳

奥南的葬礼
库尔贝

沉睡
库尔贝

神奈川冲浪里
葛饰北斋

喝水的牛
特鲁瓦永

拾穗
米勒

三级车厢
杜米埃

现代绘画的兴起与印象主义

年代 1850 1860

- 1852 年—1870 年，法兰西第二帝国　路易 · 拿破仑
- 1853 年奥斯曼启动巴黎重建工程
- 1861 年—1865 年美国南北战争
- 达尔文《物种起源》(1859)
- 1863 落选者沙龙

文史科学艺术音乐

- 梅尔维尔《白鲸》(1851)
- 波德莱尔《恶之花》(1857)
- 福楼拜《包法利夫人》(1857)
- 托尔斯泰《战争与和平》(1865—1869)
- 狄更斯《双城记》(1859)
- 波德莱尔《巴黎的忧郁》(1869)
- 小约翰 · 斯特劳斯《蓝色多瑙河》(1866)
- 瓦格纳《尼伯龙根的指环》(1848—1874)

马奈 Édouard Manet，1832—1883

代表作品

喝苦艾酒的人

西班牙歌手

草地上的午餐

奥古斯特 · 马奈夫妇肖像

惊讶的仙女

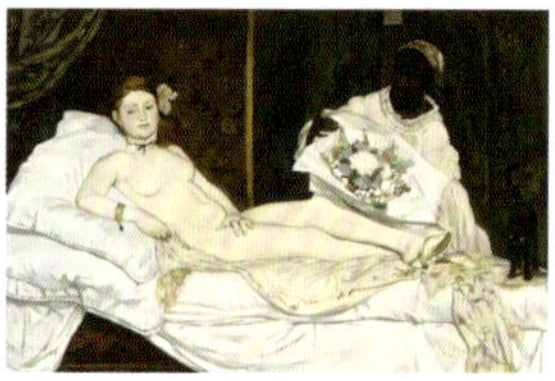

奥林匹亚

Modern Painting and Impressionism

1870　　1880　　1890

- 1870 年—1940 年法兰西第三共和国
- 1870 年—1871 年普法战争　• 1871 年巴黎公社事件
- 1879 年爱迪生发明电灯
- 1874 年首届印象派画家联展　• 1881 年黑猫夜总会开业
- 左拉《娜娜》(1880)　•马克 · 吐温《顽童流浪记》(1884)
- 莫泊桑《羊脂球》(1880)
- 陀思妥耶夫斯基《卡拉马佐夫兄弟》(1879—1880)　•尼采《欢悦的智慧》(1882)
- 高迪“圣家族大教堂”开工(1882)
- 勃拉姆斯《D 大调小提琴协奏曲》(1878)　•柴可夫斯基《1812 序曲》(1880)

吹笛少年

隆尚赛马

手持紫罗兰的摩里索

女神游乐厅的吧台

女人与鹦鹉

左拉的肖像

弹奏钢琴的马奈夫人

沥青涂船

现代绘画的兴起与印象主义

年代	1850	1860	1870

德加 Edgar Degas，1834—1917

赛马检阅

歌剧院管弦乐团

聆听帕甘兹弹唱的父亲

莫奈 Claude Monet，1840—1926

绿衣女子

花园中的女人

日出·印象

其他代表作品

大鸣门滩右卫门
歌川国明

维纳斯的诞生
卡巴内尔

作画的巴齐勒
雷诺瓦

巴齐勒画室
巴齐勒与马奈

1880 1890

芭蕾课

苦艾酒

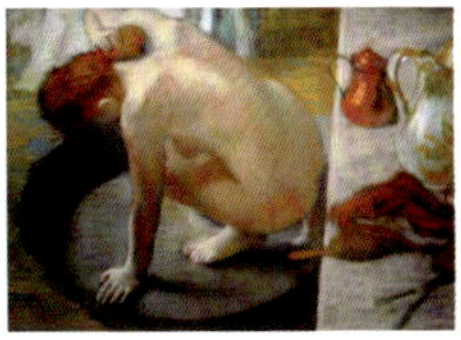
浴盆

浴后

浴后擦拭颈部的女人

新奥尔良的棉花交易所

熨衣妇

浴盆

晨浴

梳发

撑阳伞散步的女人

圣拉扎尔火车站

临终的卡米耶

撑阳伞的女人（面左）

麦草堆

清晨的塞纳河

巴蒂尼奥勒画室
方坦·拉图尔

莫尔西划船赛
希斯莱

船上的午宴
雷诺瓦

餐厅
摩里索

雨中的巴黎歌剧院大街
毕沙罗

后印象派

年代	1870	1880
政治社会		
文史科学 艺术音乐		

塞尚 Paul Cēzanne，1839—1906

田园牧歌

融雪的埃斯塔克

曼西池塘

代表作品

舅舅多米尼克：僧侣

亚历克西斯为左拉朗读

黑色时钟

休息的浴者

凡·高 Vincent van Gogh，1853—1890

悲伤

吃土豆的人

Post-Impressionism

1890 1900

•1889 年埃菲尔铁塔落成 •1894 年—1900 年德雷富斯囚禁恶魔岛

•左拉《我控诉……！》(1898)

•托尔斯泰《复活》(1899)

•德沃夏克《第 8 号交响曲》(1889)

静物苹果篮子

丘比特石膏像与静物

咖啡壶边的女人

圣维克多山

大浴女

路边转角

穿红背心少年

玩纸牌者

从比贝姆斯采石场看去的圣维克多山

圣维克多山与黑堡

向日葵

夜间露天咖啡座

星夜

盛开的杏花

后印象派

年代 1870 1880

凡·高 Vincent van Gogh，1853—1890

朗格卢瓦桥

邮差鲁兰

布列塔尼女人与小孩

割耳后的自画像

高更 Paul Gauguin，1848—1903

女孩梦境

热带植物

在浪中

静物与拉瓦尔

布道后的幻象

黄色基督

其他代表作品

阿尼埃尔的浴场
修拉

大碗岛的星期天下午
修拉

草地上的布列塔尼女人
贝尔纳

1890　　1900

圣雷米的风景

加谢医生的肖像

麦田群鸦

有孔雀的风景

亡灵窥探

爪哇女子·安娜

扶手椅上的向日葵

沙滩上骑马的人

消遣

怎么！你嫉妒吗？

我们从哪里来？我们是什么？我们要往哪里去？

菲力克斯·费农肖像
西涅克

跳舞练习
罗特列克

伯列的海
欧仁·布丹

呐喊
蒙克

饿狮猛扑羚羊
亨利·卢梭

现代艺术

年代 1890 1900 1910 1920

政治社会

- 1906 旧金山大地震
- 1914 年—1918 年第一次世界大战
- 1917 年俄国革命，帝国时代结束

文史科学 艺术音乐

- 弗洛伊德《梦的解析》(1899)
- 爱因斯坦发表相对论 (1905、1915)
- 四只猫咖啡馆开业 (1897)
- 首届秋季沙龙 (1903)
- 美国国际现代艺术展 (1913)
- D.H. 劳伦斯《儿子与情人》(1913)
- 乔伊斯《尤利西斯》
- 普鲁斯特《追忆似水年华》(1913—1927)
- 海明威《太阳照常升起》(1926)
- 舍伍德·安德森《小城畸人》(1919)
- 拉赫玛尼诺夫《第 3 号钢琴协奏曲》(1908)

马蒂斯 Henri Matisse，1869—1954

代表作品

男模特儿

敞开的窗

戴帽子的女人

红色的和谐

红色画室

餐桌

生之喜悦

舞蹈

钢琴课

向日葵花瓶

奢华、宁静与享乐

蓝色裸女

音乐

Modern Art

1930 1940 1950 1960 1970

- 1939 年—1945 年第二次世界大战
- 1929 年—1933 年经济大萧条
- 阿姆斯特朗登陆月球（1969）
- 菲茨杰拉德《了不起的盖茨比》（1925）
- 格特鲁德 · 斯泰因《艾丽斯自传》（1933）
- 纳博科夫《洛丽塔》（1955）
- 海明威《流动的盛宴》（1964）
- 福克纳《喧哗与骚动》（1929）
- 马尔克斯《百年孤独》（1967）
- 格什温《一个美国人在巴黎》（1928）
- 披头士《比伯中士的寂寞芳心俱乐部》（1967）

以装饰图案为背景的人体

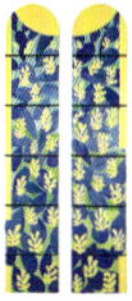
生之树

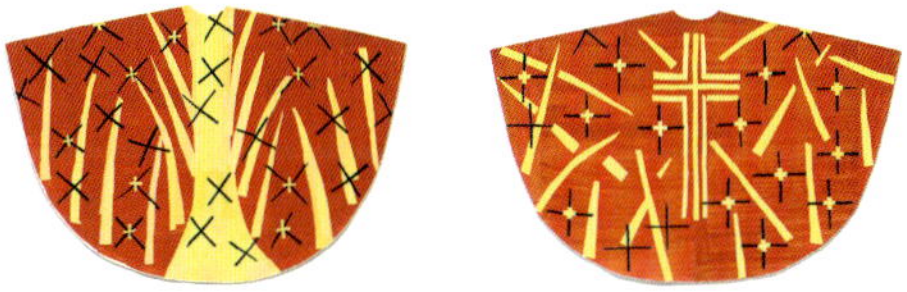
圣袍（正 / 反）
1950—1952

音乐课

铃鼓与宫女

旺斯教堂内部（面对祭坛）

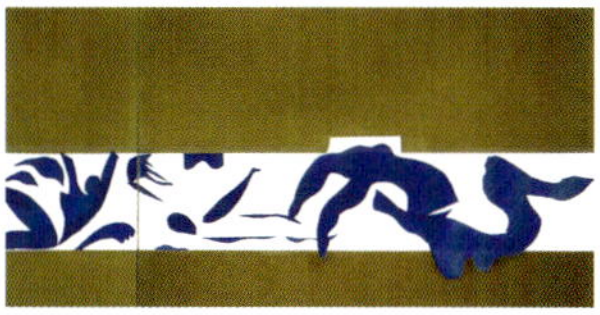
游泳池（局部）

高举手臂的摩尔人妇女

小丑

蓝色裸体一

图书在版编目（CIP）数据

繁星巨浪：大艺术家的作品和他们的故事．物换星移卷／张志龙著．—北京：中国法制出版社，2020.5

ISBN 978-7-5216-0841-0

Ⅰ．①繁…　Ⅱ．①张…　Ⅲ．①画家—生平事迹—世界
Ⅳ．①K815.72

中国版本图书馆CIP数据核字（2020）第021804号

策划编辑：李　佳
责任编辑：孙璐璐　　封面设计：汪要军

繁星巨浪：大艺术家的作品和他们的故事．物换星移卷
FANXING JULANG: DA YISHUJIA DE ZUOPIN HE TAMEN DE GUSHI. WUHUAN-XINGYI JUAN

著者／张志龙
经销／新华书店
印刷／北京华联印刷有限公司
开本／787毫米×1092毫米　16开　　印张／12.25　字数／188千
版次／2020年5月第1版　　2020年5月第1次印刷

中国法制出版社出版
书号 ISBN 978-7-5216-0841-0　　定价：58.00元

北京西单横二条2号　邮政编码100031　　传真：010-66031119
网址：http://www.zgfzs.com　　**编辑部电话：010-66053217**
市场营销部电话：010-66033393　　**邮购部电话：010-66033288**
（如有印装质量问题，请与本社印务部联系调换。电话：010-66032926）